不想上班有救吗

26个职场困扰的心理学处方

张立人 著

中国法制出版社
CHINA LEGAL PUBLISHING HOUSE

目录

Contents

Part 1 工作效能处方

Part 2 情绪管理处方

Contents

Contents

Part 1

工作效能处方

症状 01

实在忍不住，又滑了一下手机

从前，有位美女到头城的乌石港玩水，在沙滩上捡到一盏阿拉丁神灯。她喜出望外，连忙许下对未来老公的三个愿望：

“第一，眼中只有我；第二，我成为老公生命中的唯一；第三，每天起床老公都会拥抱我，到任何地方都带着我。”

于是，神灯把她变成了 iPhone ……

曾几何时，与你每天耳鬓厮磨、相处最久的，不再是你的伴侣，而成了智能手机。

试想你典型的一天——

早上，手机闹钟响了，你伸出手把它“滑掉”，看到电子邮件信箱有 12 封信未阅读，微博有 36 个最新动态，微信上面有 69 个新信息。

你不假思索，一一点选查看，其中10封电子邮件是购物网站的自动通知。你准备回复同事的微信，犹豫着该怎么回比较好，心里有点烦。你心想：不然先点选好友发来的微博新闻好了。突然你发现已经过了半小时，于是在惊吓中赶紧起床，没刷牙，更没吃早餐，直接赶去公司。

你倒了杯热咖啡，把公司电脑开机了。第一件事，自然是打开电子邮件信箱。一封信件吸引了你的注意：某大品牌平板电脑推出超低价！你有一股冲动要刷卡，随即不放心地转往其他3C购物网站，毕竟要货比三家。你想到今天的股价指数，点选了手机App，你看到漂亮的走势图，太好了，涨了，可以买一台新平板电脑！

当你刷完卡，瞄到墙上的时钟，已经上午11点了。你告诉自己得收心，开始处理业务。你要打印文件，打印机却没反应？！电子屏显示“请更新驱动程序”，你花了半小时才搞定。打印好还没两分钟，你发现电脑版微信有了15则信息通知。你本能地用鼠标点选……

到了下午6点，你发现业务还没完成一半。得加班了，你心想。

晚上9点，你离开公司。等红绿灯时，你一定用手机检查一次电子邮件。到夜市吃了夜宵，回到住处，你觉得好累好烦，不然打个游戏《英雄联盟》纾压好了！

你想到该去睡觉的时候，已经是半夜3点。早上7点半，还得爬起来……

在网络科技发达的今日，上班族的工作效率似乎不容乐观。忙碌、劳累背后的原因，不全然是工作负荷，还有自己不断分心的现状。

网络科技代表的是每时每刻的小小诱惑。

当你需要专心时，却瞥见手机里“芳草鲜美，落英缤纷”，你不知不觉走进网络的“桃花源”里，无法全心工作，更难以好好休息，留下日复一日的懊悔，以及更大的焦虑感，等待更频繁的“数码分心”来转移。

网络创造了人与人之间的“联结”状态，许多人从社交软件中大大拓展了人际网络；然而，网络也造成了“过度联结”状态，让你陷于即时互动之中，非常忙碌地查看与回应信息，一直分心。“已读未回”状态，也增加了当事者回应的急迫性以及人际焦虑感，加重了分心现象。

职场员工因为“数码分心”现象，造成了企业产能惊人的下降。在2010年，美国因“数码分心”浪费了280亿工时，以及1万亿美元，当年美国GDP才14.96万亿美元。一个职场员工每天平均花半小时处理电脑与网络的技术问题。

据统计，员工每天不被打断的时间只有3至15分钟，每次的打断，还得花 22 分钟到 2 小时才能让自己重新专注在原来的业务上。平均每天花上 1 至 2 个小时，来处理这些网络杂务，换算起来，相当于每年花将近 5 周的时间。根据研究，许多企业员工因为分心于网络非公务内容，而被企业主解雇。

从专心于眼前工作，到专心于网络杂务，再回过头专心于原来的工作，其实耗费了不少脑力。为什么呢？

这牵涉到大脑“转换处理”（switch-tasking）的问题。这是什么呢？

现在，请你试着数 1、2、3、4……到 26，花了多少时间呢？

再请你数 A、B、C、D……到 Z，花了多少时间呢？

接下来，请你交叉数 1、A、2、B、3、C、4、D……到 Z，花了多少时间？

在交叉数数时，与正常数数比至少要花上你 3 倍的时间。这是心理学上的“路径描绘测验”（Trail Making Test），可以测试大脑执行功能。现在，你就可以了解到，频繁地分心在手机信息上，为什么让人在工作效率、时间上付出昂贵的代价。

《分心不上瘾》一书作者，也是美国斯坦福大学学者方洙正，称“数码分心”为“分心上瘾”，突显出人类“心猿意马”的本质，就像猿猴。他发现这让人无法获得真正需要的信息和有效的沟通，还让家庭关系陷入紧张，激怒同事，甚至让我们的内心日益空虚。

从生理学的角度来看，从心脏流出的血液中，有 1/5 是专门给大脑使用的；大脑每分钟消耗葡萄糖50毫克，几乎占全身葡萄糖总消耗量的1/4。因此，专心是相当耗费脑力的，难怪上班族会有“分心上瘾”的倾向。

加利福尼亚州立大学的拉里·罗森教授在《i症候群》一书中，提出“网络注意力缺失症”（Attention-deficit “i” Disorder）的描述，和工作效率差、容易疲劳、意外事故增加等都有关系。

这也可能是“智能手机成瘾”。美国马里兰大学在2011年研究发现，让大学生24小时不碰手机、网络等，大学生竟表示：

- “我简直快得恐慌症了！”
- “我五分钟就摸全身的口袋一次，要找手机出来。”
- “我觉得我好像在吸毒，要品尝数码毒品的味道。”

和智能手机相处，也需要你的智慧！

疗愈处方

告别数码分心现象

处方1 养成“健康上网”的习惯

不少上班族5分钟或10分钟就查看一次手机，甚至随时查看、马上回应信息，很容易产生“数码分心”现象。

因此，我在《上网不上瘾》一书中，建议手机族：

- 设定查看手机的频率，譬如半小时或1小时才查看一次信息。
- 避免随时或没事就滑手机。
- 把不必要的App提示音设成静音，避免一直被干扰。
- 在社交、会议、洽商等正式场合，暂时不查看信息，尊重对方，也让自己专心在对谈内容上。

养成“定时”而非“随时”查看手机的习惯，能培养自我控制力，善用网络，不再分心。

处方2 塑造专心与高效的企业文化

一家单位开会，领导在台上讲得天花乱坠，多数职员却低头滑手机，或者用笔记本电脑上网购物。大家总共花了3个小时开会，完全没有结论。

其实，这种会效果奇差无比，完全没有意义。即使员工想专心，也很难专心，最后不自觉地滑起手机，一起耗时间。一家以效率闻名的外资公司就规定：会议时间很短，需要大家发挥最大的专注力，因此，除了接听电话以外，禁止在会议中滑手机或上网。上下专心开会的结果，果然缩短了开会时间，大大提升了产值，更为员工培养了充足的战斗力。

处方3 善用科技帮自己静心

若你发现自己开始“心猿意马”，请上“发呆两分钟”网站：http://www.donothingfor2minutes.com/。你将置身于夕阳下优美的海上，屏幕显示：“放松，聆听海浪的声音。不要动你的鼠标或键盘。”并且从两分钟开始倒数。当你不小心动了鼠标，上面马上显示红色的“失败！”，重新读秒。

开始上课前，老师让学生先观看这个网站两分钟，结果发现学生能够静下来，有了更好的学习专注度，也比较少去滑手机了。

另外一款电脑软件《自由》，也相当不错。这款《自由》软件保证让你自由（“Freedom enforces freedom”）。你可以设定要离线多久，最久可达 8 小时。接下来，《自由》软件就接管了你的电脑，让你专心工作。如果你突然想到要上网放松一下，是没办法上网的。当然，如果你真的要上网看微博，就得重开机。

重开机这个动作，造成了一种门槛，让你思考："我真的'一定'要上网吗？"从而达到专心的预期效果。许多名人都对它赞不绝口。

其他软件如 DARKROOM（苹果电脑为 WRITEROOM），则让屏幕变黑、鼠标指针变绿，叫你不要再玩电脑了。BACKDROP 和 THINK 软件，可让使用者打开多个视窗，但屏幕只显示正在使用的那个，引导你专心在眼前的任务上。

处方4　沉思式计算

在《分心不上瘾》一书中，方洙正提出"沉思式计算"（contemplative computing）八步骤，鼓励数码一族以深思熟虑的方式使用电脑。

- 维持人性。人就是人，不要被手机、网络工具给绑架了。
- 静心。专心参与眼前活动，而不是借由上网逃离当下。
- 觉察。观察自己上网时的感觉、心理与动机，更了解自己。

- 更清楚自己的选择。别让网络成为你唯一的选择，而是为你已经相当丰富的生活，增加一种选择。
- 延伸心灵。善用网络带来的感官、思考刺激，看到世界与人生的多元性。
- 寻求“心流”体验。充分享受专心带来的成就感、幸福感。
- 更投入世界。让网络成为更深刻参与世界的工具。
- 复愈。让大脑有充分休息的机会，才能够让紧张的意识放松，从潜意识层面自然产生解决问题的妙方。

处方5 创造与自己、他人、大自然联结的机会

有父母模仿孟子语气，告诫爱滑手机的儿子：“天将降大任于斯人也，必先铲其微信，封其微博，收其电脑，夺其手机，摔其iPad，断其Wi-Fi，使其焦躁无聊，百无聊赖，所以用心读书！”

想不到儿子回应：“爹亲娘亲不如手机亲，宁娶手机，不娶贤妻。头可断，血可流，手机一定留！”

孩子为了智能手机，可说到了“六亲不认”的地步，其心理发展与人际关系实堪忧虑。

就从现在开始，创造与自己、他人、大自然深刻联结的机会。积极参与真实的生活，不再借由网络逃避。你将挥别焦虑、烦躁与空虚，重新发现生命的丰富与美好。

症状 02

为什么老是不专心?

米哈里·契克森米哈赖是匈牙利人，1943 年出生于意大利罗马，父亲是匈牙利驻意大利大使。

随着第二次世界大战接近尾声，他被关进意大利的集中营，他的哥哥被杀，另一个哥哥被抓去古拉格集中营。战后，爸爸带着他从匈牙利流亡，一瞬间变成罗马难民。

爸爸不再是大使，改开餐厅，儿子就当服务生。结果，他发现爸爸“喜欢做菜更甚于担任大使”，虽然家道中落，依然能在专注当中获得生命的幸福。米哈里自己也有这种全神贯注的能力，深深着迷并沉浸在生活体验中，后来成为心理学大师，以“心流”（flow）理论闻名于世。

当你在专心的状态下，“心流”（flow）出现了，产生自我意识消失、时间感扭曲、心理满足感剧增、不怕困难等正向影响。米哈里说：

“我发现有些人整天切鲑鱼，让别人做成贝果夹熏鲑鱼，他们的工作创意与投入，完全不逊于雕刻家和科学家。”

即使你所从事的是单调的、重复的、机械性的工作，只要能够专心，就能带来莫大的心理满足感，这是幸福生命的重要源泉。然而，你要是没办法专心，就可能会失去这项工作，甚至影响到生活。

你也许会说：“我很想要专心，也没让智能手机随时诱惑我，却仍不由自主地分心啊！”这时候就需要考虑“注意力不足/多动症”（Attention Deficit/Hyperactivity Disorder，ADHD）的可能了。

在台湾地区，约4%的成人患有ADHD，这种状况是从儿童时期就开始的。研究发现，7.5%的儿童和青少年有此症状，当中有六成人因为没有适当治疗，使症状延续到成人期。

如果你是成人ADHD患者，就可能在职场呈现以下行为：

- 忘东忘西。
- 粗心大意。
- 多话。
- 爱插嘴。
- 多管闲事。

- 脾气暴躁。
- 冲动。
- 急性子。
- 执行力差。

这些常常都是同事提醒你，或者主管盯上你时，你才发现的。以上症状，导致你工作效率差、人缘不佳，最糟糕的是，你的自信心也随之越来越低落。

根据研究，ADHD 患者因为急躁冲动，被开交通罚单、出车祸、骨折、烫伤的概率，也比一般人高。因此，你会在新闻中看到：

- 家庭主妇出门，家里天然气没关，导致火灾。
- 男性上班族忘记带钥匙出门，傍晚急着攀爬窗户回家，不慎坠楼。
- 夏日炎炎，年轻职业妇女忘了把婴儿抱下车，婴儿热衰竭紧急送医。

这类悲剧中，都可以看到那 4% 成人 ADHD 患者的影子，一方面忘东忘西，一方面又冲动行事。若未能正视，他们可能付出巨大而无可挽回的代价。

脑神经科学研究发现，ADHD 患者脑部结构与功能存在异常，在脑前额叶、前扣带回皮质、纹状体和小脑区域，多巴胺与去甲肾上腺素活动低落，因此导致注意力、冲动克制与执行能力上的问题。

ADHD 和遗传基因直接相关，不少症状属于先天体质导致的，并非故意让自己表现差。

当父母带孩子来找我看诊，抱怨孩子心不在焉、坐不住，学业成绩差，我通常会问：

“那爸妈小时候有无这种状况？”

常常爸爸或妈妈就摸摸头，说：

“想起来了，我小时候也是这样，成绩比他现在差多了……”

因此，其实成人 ADHD 患者从小到大，都很需要同事与家人的谅解，并提供支持鼓励。

通过专业协助，你一样能够把事情做好，享受专心带来的乐趣和幸福！

疗愈处方

提升专注力的诀窍

处方1 减少工作环境的干扰

女性朋友们，想象你来到一间会议室，坐在你旁边的人全都像金城武，你能够专心吗？

男性朋友们，如果你发现坐在旁边的女生长得都像韩星李英爱，你能够专心吗？

《老子》第三章说："不见可欲，使民心不乱。"人心有"心猿意马"的倾向，"不要看见"是降低分心诱惑的不二法门。所以，好好找出你分心的来源，清理你的办公桌，把不相干的东西，如休闲杂志、卖场广告等都收起来吧！

再者，养成整理的习惯。把堆积如山的文件分门别类，你可以专心，一目了然，不会在找寻资料的过程中，又被其他的诱惑吸引了。

花些时间整理电脑资料，培养分类归纳能力，也可以提升专注力。

我的朋友马匀在自动化设备工厂担任总经理，他说：

“高中时代，我的老师把《大学》中“定、静、安、虑、得”，改成“净、静、虑、得”，用来鼓励班上同学。先把环境清扫整洁，自然能静下心来读书做事，接着，思虑有成而能得。果然我和许多同学都受惠了，不仅考上理想大学，进入职场后，因为能够专心，比同事有更好的竞争力！”

处方2 一次做一件事情

一次只做一件事情，不要多种工作一起处理（multi-tasking）。

你有没有发现，当你开了太多程序，同时传输多个文件夹，并且欣赏 DVD 时，电脑就死机了？

电脑如此，人脑更不用说了。现在就开始练习“一次把一件事做好”吧！若无法一次处理好，至少有个进度，即使是在计划书上画下一个逗号也好。不要期待之后能够挤出“充足时间”来“好好地”弄。相信我，这样的机会通常不会出现。

处方3 为事情排定先后顺序

在你的便条上，写下各项待处理任务的先后顺序，把最重要的事情摆在第一位，最不重要的事情摆在最后。先做最不喜欢的事情，再做喜欢的事情。

如此一来，你将能把最好的专注力，放在最耗脑力的事情上，避免因为一再分心，而终究无法处理到最重要的事情。当你完成一件事，就在上面打钩，或者划掉。

处方4 善用记事本

俗话说："好记性不如烂笔头。"记性再好的人都有可能忘事，善用你的便条或电子记事工具，把五花八门的任务记下来，让你的大脑更轻松，能够专注在眼前的事。

处方5 选择适合你特质的行业

如果可能，选择适合你特质的行业。我认识一些朋友，本身有注意力不集中或好动的困扰，后来成为业务员、设计师或导游，工作得很愉快。这是因为他们很喜欢这种东奔西跑、自由安排、冒险新奇的工作。要是困在办公室里做行政文书，他们肯定会疯掉的！

美国游泳健将迈克尔·菲尔普斯，是一举拿下2008年北京奥运会八枚金牌的一个怪才。你可能不知道，他是一个注意力不足/多动症的患者，成长过程中遭到过同学的嘲笑与老师的漠视，就像我在临床上看到的注意力不足/多动症的孩子，没少在学校里面受到歧视，甚至是被霸凌，之后霸凌别人出气，引起父母更负面的管教，产生不可收拾的行为问题，变成自我放弃。

但是菲尔普斯的爸妈没放弃他，持续肯定他、鼓励他，他的人生就开始有了不同。这个"马达小子"被放对地方（水里面），变成夺得奥运金牌的选手，但是你把他放到课堂上，他就是最会捣乱、最让人家讨厌的人。注意力不足／多动症患者能通过自己、家人、朋友的支持，去发挥个人的特质与天分，创造专属于自己的存在价值。菲尔普斯就是在水里面找到了他的存在价值。

处方6 让枯燥的工作变有趣

如果你并不想换工作，如何让你手边枯燥的工作变有趣呢?

注意力不集中的人，发现自己在玩网络游戏的时候，竟然可以“超专心”。这是为什么?

很简单，就是有趣。

昆琳是一位负责帮全院医护人员排班的职员。医护人员常有不同的排班需求或临时请托，常常在她排好了之后，又因为值班点数算错而推翻重来。她觉得工作非常繁复乏味，不知不觉就上网闲逛，浪费了许多时间。常常到了下午5点，她才发现坐班表还排不出来，而明天一定得交。

她在会计室的朋友知道她遇到这种状况，教她设计Excel程序，只要调整一些参数，就能轻松把坐班表排好。她越弄越有兴趣，甚至主动把其他业务都套用Excel程序，有效率地处理好了！从此她准时下班，开始享受个人与家庭的休闲生活。她也从工作中找到趣味，真正“乐在工作”。

处方7　增进注意力的营养疗法

和注意力有关的神经传导物质，包括：γ－氨基丁酸（GABA）、多巴胺、去甲肾上腺素、血清素等。而制造这些神经传导物质的重要氨基酸原料——左旋谷氨酸、苯丙氨酸、左旋色氨酸，需要有充足的蛋白质来源，如瘦肉、蛋、低脂起司、坚果、豆类等，并且要有足够的胃酸，让胃蛋白能正常作用，将氨基酸从蛋白质中分解出来。

氨基酸需要在特定B族维生素、维生素C，以及矿物质的催化下，才能合成神经传导物质。B族维生素包含：维生素B_3（烟酸）、维生素B_6、维生素B_9（叶酸），存在于小麦胚芽、芝麻、糙米、深绿色蔬菜当中；维生素C则富含于柠檬、番石榴、苹果、橙子中。所以如果你饮食常不均衡，建议额外补充B族维生素、维生素C。

另外，ω-3不饱和脂肪酸（DHA、EPA），是构成大脑神经元的重要物质，在深海鱼肉中存量丰富，摄取充足对注意力甚有帮助。富含DHA的海产品包含金枪鱼、乌贼等，富含EPA的海产品包含牡蛎、凤鲚、鲭鱼等。

考虑深海鱼类普遍有重金属污染的风险，补充深海鱼油胶囊是值得考虑的，比较能做到重金属的检测与排除。很值得推荐的是植物性ω-3不饱和脂肪酸来源，如紫苏油，没有重金属污染和鱼油的某些风险。对于素食者与老年人来讲，是很好的选择。

想要提升注意力的人，饮食一定要注意低糖（碳水化合物）、低脂（饱和脂肪酸、ω-6不饱和脂肪酸），而且不食用人工添加物（各类食用色素、防腐剂）。

2007年11月权威医学期刊《柳叶刀》刊出一篇重要研究文章：给受试孩童喝含有苯甲酸（防腐剂）和人工色素（黄色4号、5号，红色6号、40号）的饮料，其注意力不集中、多动症状比对照组孩童严重。研究建议家长在为孩童挑选食物时，只要有人工色素就不要买。

我也提醒大家尽量少接触糖果、饼干、薯片，特别是含糖饮料，里面的高果糖玉米糖浆（High Fructose Corn Syrup，HFCS）不只让你“糖分上瘾”，更容易恶化注意力缺失的状态、导致人昏昏欲睡，是注意力的头号杀手。若实在想喝，可以选择无糖或微糖的饮品。

上班族通常也是外食族，饮食选择的标准往往是“色、香、味”俱全、热量超高、口味超重，却毫无营养的“美食”。想提升注意力，别再给大脑这类最糟的食物了！

处方8 脑波生物反馈训练

田纳西大学的乔尔·卢瓦尔博士发现，可以利用脑波的生物反馈原理，来改善注意力。

当你能够集中精神，增加和注意力有关的β波（13—24赫兹），减少和走神有关的 θ 波，那么你的游戏屏幕就会出现胜利的画面，游戏也能够继续累积分数。有趣的游戏，不仅能够反映出你的专注力状态，更能训练你集中注意力的技巧。

目前已有个人穿戴装置可以获取，通过专利耳机、电脑游戏程序与灯色显示进行训练，达到提升专注力的目标。

处方9 接受注意力不足／多动症治疗

若你深受注意力不足／多动症困扰，别再硬撑了，尽快求诊于精神科医生，进行完整的评估与诊断吧！

治疗方面，有行为治疗与药物治疗两种，两种合并时疗效最佳。行为治疗将培养你专注力的技巧，特别是增强组织力、培养耐性；药物治疗可通过提升脑中多巴胺与去甲肾上腺素的浓度，自然改善注意力不足与多动的症状。

一名男生从小有明显注意力不足／多动症，几乎放弃念书，在父母老师眼中还是个麻烦制造者。在接受药物治疗之后，他学业突飞猛进，考进阳明大学博士班，还和治疗他的医生（台湾大学高淑芬教授）一起研究注意力不足／多动症。

症状 03

拖，拖，拖，到底要拖到什么时候？

宝杰是电视公司的专案策划，他的座右铭是：

“不为无益之事，何以遣此有涯之生？”

白天在办公室，他总爱东摸西摸；到了半夜 12 点，面对桌上的资料，他开始陷入天人交战，心中出现两种声音。

天使的声音告诉他：“已经晚上 12 点了，不要再混了，赶快把报告弄出来！”

魔鬼的声音告诉他：“反正报告后天才交，明天能弄完的话，今天就不用弄了；要是今天能弄完的话，表示明天也能弄完……”

报告期限的前两天，他在徘徊、溜达、鬼混、打盹中度过。最后，惨剧发生，半夜 2 点，他在微博上发表新信息：

“又搞砸了，我的拖延恶习真是没救，谁来帮帮我……”

当网友问他怎么个拖延法，他说：

“让我告诉你我的拖延有多严重，我的拖延，就是……算了，下次再讲吧！”

拖延，是你我再熟悉不过的“损友”。

当你还是3岁幼儿时，听到妈妈叫：“小宝，赶快把玩具收起来，要上床睡觉了！”

你装作没听到，还在玩手上的乐高积木。直到10分钟后，妈妈怒气冲冲地拿着藤条过来，重重地打在积木上，你才吓一跳，赶紧爬到床上乖乖躺着。

从这一刻开始，你已经会“拖延”了。当你日后成为中学生、大学生、上班族，每天早上都要上演一次：

早上10点，闹钟已经响了第10次，你也按下第9次——有一次是室友气冲冲、开锁进来帮你按掉的。住你楼下的阿桑昨晚没睡，彻夜聆听天花板传来你的脚步声，早上6点快睡着时，你的闹钟如同台北101大楼烟火礼炮一般把她吵醒，她怒发冲冠地跑上来捶你的门，偏偏你也没听到。

正如你所知道的自己，“重度拖延症患者”编造借口的聪明才智，真可以拿诺贝尔奖；从自我理想到现实，相当于横跨太平洋；事后懊悔以及自我责备，却也像活在十八层地狱。

如果你想要摆脱这讨厌的家伙，首先要了解自己为什么会拖延。

首先，你是否根本就不爱做这件事？

好好扪心自问，承认这点吧！

有个重度拖延症患者说：“我哪有拖延？闹钟响起，我马上按；网购商品送来，我马上拆；零食放在桌上，我马上吃。”

人性是趋利避害的，遇到你真正心爱的事物，怎么可能拖延？你现在只是在强迫自己罢了。

其次，你是否从拖延中得到好处？

你会习惯于拖延，必定是从拖延中得到某些好处，包括：

- 获得其他立即性的快乐。
- 回避面对问题带来的压力。
- 故意不配合上级权威的命令，因为不想被控制。
- 太习惯“临时抱佛脚”的刺激感与成就感。

如果你对生活的兴趣，只局限在睡觉、网购、零食带来的立即性快乐，那么，这三件事以外的世界，对你来说会是难以承受的压力。漫漫人生，你终究还是苦了自己。

这世界就是这样，如果你不爱它，它也不会爱你的。因此，给自己机会，走出你的“舒适区”（怠惰区），尝试多元化的活动，不需要太多勉强，行动力自然像石油从油井里喷射而出！

最后，你是否害怕结果失败？

你可能会想：“我没有讨厌它，我真的想要做这件事啊！但我一直拖。”

那么，你可能对于做这件事情的结果感到恐惧，你可能害怕失败！你可能生怕失宠于主管，生怕在与同事的竞争当中落败，生怕无法达到自己期许的标准。

你无法接纳自己也有失败的可能性，无法在家人亲友面前承认自己决策可能有误，怕因而让他们失望、丧失他们的崇拜与关爱……

你的拖延却成了“自我实现的预言”，实现了你给自己下的“诅咒”。没错，“诅咒”就是这样来的。

“女性主义”（feminist）心理治疗理论指出：太过重视“结果”而轻忽“过程”，一味顾及“面子”与“成功”，会招致“拖延／自责”的恶性心理循环。

因此，治疗师会鼓励职场中的男性，学习适度放下传统男性的刻板印象，特别是对权力、控制、成就的执着，学习某些女性特质，包括接纳自己可以有弱点、允许自己表达悲伤、用合作关系取代控制关系。

因此，我会鼓励职场人士，不分男女，皆能有柔软的心态与身段，除了能够减少拖延，也会有更佳的工作气氛。

疗愈处方 克服导致拖延的非理性思考

处方1 辨认脑中的非理性思考

拖延的行为，来自造成拖延的思考。

认知治疗（Cognitive Therapy）理论告诉我们：思考决定了你的行为，要改变行为，先从改变想法开始。

古罗马哲学家爱比克泰德说："事件本身并不会带来困扰，而是我们对于事件的观点在困扰我们。"

有哪些思考模式，会造成你的拖延呢？

- 全有全无："如果我不把这件工作做到完美，就表示我做得很糟！""我绝对不能犯任何一点错，否则就表示我做不好。"
- 夸大与缩小："如果这件工作我做不好，那就完蛋了！""他们认为我做得很糟糕。"

- 以偏概全："如果我把这件工作搞砸了，主管和同事不会接受我！""这件工作没做好，我的人生就失败了！"
- "应该"陈述："我'应该'把这件事弄到完美！""我'绝对'不能犯任何一点错！"

以上这些就是"自动化负向思考"（Automatic Negative Thoughts，ANTs），英文缩写刚好是"蚂蚁"。

告诉自己：这大脑的"蚂蚁"又出来搅局了！接下来，请你用"合理思考"的"杀虫剂"消灭它。

重建我的合理思考：

- 虽然没办法做到完美，主管终究还是会接受的。
- 如果这件工作我做不好，不代表我这个人不好。
- ______

处方2 运用"先吃烂桃子"原则

当你在拖延时，有没有发现：你烦恼的时间，比做事情需要花的时间多上好几倍！于是，当你偷懒想玩，也没玩得尽兴；想开始办正事时，又想说，只要再玩 5 分钟就好……

个人效率教练保罗建议"先吃烂桃子"（worst in，first out），每天先花个 15 分钟或半小时，做这件令你想拖延的事。

如果事情还算简单，试着马上做个决定，避免积累事情，甚至遗忘（常常是这样），造成别人对你的反感。如果事情比较复杂，也许达不到进度，比如写不完一段，没关系，一句话也行，甚至一个标点符号都是可喜可贺的。

接下来，就是你的自由时间了！

处方3 利用零碎时间

拖延的人，常有一种心态："等到下个礼拜某一天，有完整的八个小时的时间，我先来个斋戒沐浴，变得清心寡欲，在书桌前面焚香默坐，聚精会神，一步步完成这神圣的任务……"

这真是大错特错。

我预言当那天到来，总会发生神奇的事让你分心。要不就是当你面对屏幕，脑袋却一片空白时，开始摸东摸西。

就这样，那天结束了，你继续活在懊悔当中，为自己意志力的薄弱感到自责，自信心越来越低下，心情不好之余，还是再玩一下，疏解压力吧！

你有没有发现：等车、坐地铁、排队买票、等候看诊……生活中其实有太多零碎时间，何不试着在这些零碎的空当，用比较轻松的心情，和你不想面对的事情培养感情？

化整为零，从零碎的部分直接开始，一段时间后，大部分自然都完成了。千万别再妄想什么"正襟危坐"的机会了。

处方4 向大家宣布你的计划

你可以善用同事的压力，让大家一起监督你的进度。当然，你会因为怕出糗，而比平常更努力。或者，直接写信告诉主管："×月×日×点前，我要把结果交给你。"

处方5 奖励自己

做到某个进度时，犒赏自己。如果愿意花点钱，给自己买奖品更好，动力会更强。

当你未完成进度时，不要犹豫，取消自己的某些福利。

症状 04

我快把自己给逼疯了！

把你给逼疯的，并不是职场，而是你的完美主义。你的拖延也是它造成的。

你可能会委屈地解释："我不是故意要拖延，这一件事，就是有 100 个细节需要逐一处理，我现在只弄到第 30 个……"

你如果是一个完美主义的人，会感受到一般人 100 倍的心理压力，你希望能够把每个细节都做到完美，因而提高了任务的困难度，耗费了大量的时间，甚至牺牲了该有的休息时间。成功，却只是沙漠中出现的海市蜃楼，还在千里之外。

在精神医学上，过度完美主义的个性被称为"强迫型人格障碍症"（Obsessive-Compulsive Personality Disorder），占人口的 1% 至 2%，在精神科求诊者当中，占 3% 至 10%，可见其带来的心理困扰。

在职场中，强迫型人格者表现出的控制欲相当强烈：一方面控制自己，压抑感情、缺乏幽默感、拘泥细节；一方面控制别人，行事风格权威、僵化、固执。有时候，当事者也可以为了取悦上司（权威者），而放下自己的坚持，表现出对于命令的过度服从。

为什么会产生强迫型人格呢？

强迫型人格者通常成长于刻板的、控制型的家庭，缺乏亲密的自我表达与人际关系。要进入职场时，自然而然地从事某些需要高度机械性、要求细节的工作，如会计、律师、工程师、医生等，越是专业性的职业中，越容易遇见强迫型人格者。

特别的是，强迫型人格者就算有休闲活动，也带有目的性。

致良说："我昨天晚上'被迫'花了两个小时的时间，陪太太逛信义区的贵妇百货，我整个脑袋都在想：'逛街完全是浪费时间，我如果回书房写下年度营销计划，两个小时换算过来，可以有3000元[①]的产值啊！'

"我太太看出我的不耐烦，也在气头上，坚持要逛久一点，我没办法，只好想：'对！我趁机来研究女性的消费心理好了。年度计划的第5部分，可能用得上。'

"后来，我心情愉快不少，逛街真的很'有用'。"

---

① 本书中如无特殊说明，则货币种类为新台币。

从以上案例可以看出，当事者几乎没有单纯追求娱乐的活动。于是，当心里累积更多工作的焦虑，而没有适当地放松，不仅把自己逼入绝境，又造成了拖延的习惯。

美国精神医学学会出版的《精神障碍诊断与统计手册（第五版）》（*DSM-5*）中，描述“强迫型人格障碍症”为：过度专注于秩序、完美主义、思想与人际关系的控制，因而失去弹性、开放性，以及效率，并有以下四项或四项以上特质：

☑ 做事专注于细节、规则、表格、次序、组织或时间表，反而失去重点。

☑ 做事要求完美，甚至妨碍工作完成。

☑ 过度献身于工作和追求绩效，因而放弃休闲活动及友谊。

☑ 对道德、伦理或价值观之事物，表现过分诚实、一丝不苟及毫无弹性。

☑ 即使已无感情上的价值，仍不愿抛弃旧物或无价值物品。

☑ 除非他人完全遵照自己的方式做事，否则拒绝接受任务委派或与别人一起工作。

☑ 对自己及他人十分吝啬；金钱被视为为了将来可能的灾难而需囤积之物。

☑ 处世僵化而顽固。

疗愈处方 修炼不完美的智慧

处方1 开始“不完美”的练习

练习把你手边的任务做得不那么完美，创造一些不完美的体验。

如果你之前是一百分，现在就来尝试八十分，或者六十分。

在你的记事本中，记下今天“不完美练习”的成果，借由Excel等软件，你还可以看到自己“不完美练习”的次数、分数，以及走势图，试着让自己有更多的“不完美练习”次数。

告诉自己：

- “我正在做一个不完美的练习，这个练习的要求就是这样。”
- “我不要再当自己的奴隶了，就从这个不完美练习开始。”
- “做到不完美，这个练习才是完美。”

我的一周不完美练习：

时间	不完美练习内容	完美指数（0—100）	不完美指数（100—完美指数）	不完美指数（进步↑或退步↓）	完成的感觉
周一					
周二					
周三					
周四					
周五					
周六					
周日					

警语：如果别人嫌你太混日子，请勿使用此练习。

处方2 区分“应该”和“想要”

由于你追求完美、害怕失败，陷在“应该”的失败泥淖中，你的自尊心也在耗损。

请你思考：这件任务或工作，真的是你“想要”的吗？

你鞭打着一匹驴子前进，它就是那么被动，因为它不想前进，它在拒绝你。如果它发现前方有胡萝卜，你不用鞭打，它就会乖乖地往前走！

你的“想要”是什么？

如果这是一件“应该”的事，那么，就试着把它变成自己的“想要”。

处方3 打破完美主义的非理性思考

美国心理学大师艾伯特·埃利斯（Albert Ellis，1913—2007），发现人有 12 种典型的非理性思考，大多与过度的完美主义有关，导致各种心理困扰。

- 每个人应该爱我、肯定我，并且都要让我看得顺眼。
- 我应该永远维持成功，要不然就是我失败。
- 坏蛋应该遭到报应。
- 我没办法忍受事情没照计划走。
- 我不快乐是因为外在因素，既然没办法掌控外在因素，所以我不可能解决问题。
- 既然事情越来越糟，我一定随时都在烦恼。
- 尽量不要去想那些难处理的状况，我会比较好过。
- 我需要个伴，可以依靠。
- 事情一向如此，我不可能解决问题。
- 当我的亲友发生严重问题时，我当然也会非常难过。
- 我不喜欢这样的感觉，但我也没办法，只能接受。
- 我知道每个问题都有一个解答，我应该能够把它找出来。

埃利斯在 1955 年创建“理性情绪行为疗法”（Rational Emotive Behavior Therapy，REBT），鼓励你辨认以上的非理性思考，并且从今天起，直接停止这类思考。

Part 2

情绪管理处方

症状 05

我压力好大，快喘不过气啦！

你可能是一位 30 岁的业务专员，满怀理想抱负，面试进了这家成立不久的贸易公司，才工作 1 年，时常头痛、健忘、便秘、肩颈酸痛、疲倦……

你可能是一位 55 岁的公务人员，再过几年就可以退休，但最近半年开始焦躁不安、乱发脾气，会连续一个礼拜失眠，胸口像有大石头压着，觉得喘不上气……

你去看了医生，医生却告诉你："恭喜你，身体检查一切正常！"

你很讶异，明明这么多症状、很不舒服，怎么会正常？你带着这些症状与疑惑，继续回到工作岗位，再拖个半年；也许找更多医院看病，仍毫无起色，这已经大大影响你的健康状态、工作表现、人际关系和家庭生活了。连主管也看不下去，好心提醒你是不是该请病假，好好去看个医生了！

究竟问题出在哪里？

直到有一天，精神科医生告诉你，症状的根本原因是“自主神经失调”（autonomic dysfunction），你才恍然大悟。

据临床观察，台湾地区上班族自主神经失调的有九成。最常见的症状是失眠，占了六成；其次，便秘、肩颈酸痛、疲倦、头痛、焦虑、过敏占了三至五成；不少上班族有慢性病，诸如肥胖症、胃溃疡、肠躁症、高血压、糖尿病、心脏病、脑卒中等，和长期自主神经失调有密切关系。

这就是亚健康状态，介于疾病和健康之间，改善则恢复健康，未改善则累积成疾病。世界卫生组织统计，全球八成人口都处于亚健康状态，包括你我。香港大学研究发现，30 至 49 岁的壮年人群最受亚健康威胁，原因是这阶段的体力和代谢能力都不如 30 岁以前，加上工作最为繁忙或身兼多种角色，如职业妇女。

自主神经失调和压力有着密不可分的关系。

美国斯坦福大学神经内分泌学家罗伯特·萨波尔斯基提出了一个疑问：“为什么斑马不会得胃溃疡？”

一只斑马在非洲大草原上，怡然自得地吃草，好像比人类放松。然而，它也会遇到天敌，如狮子，生存压力也很大。但当狮子抓到了它的“朋友”而不是它自己，饱餐一顿，就不想再捕猎，它和其他幸存的斑马立即恢复了以往的悠闲。

阳明大学脑科学研究所的郭博昭教授提出自主神经“五力”，分别是：

☑ 战斗力　代表交感神经活性。在急性压力下，去甲肾上腺素、肾上腺素、可的松大量分泌，刺激交感神经，使我们心跳加速、血压升高、呼吸加快、肌肉收缩、精神集中，而能应付危机；也同时产生严重的焦虑症综合征、胰岛素抵抗、高血压、心血管疾病。当压力变成慢性，反而导致肾上腺疲乏（adrenal fatigue），肾上腺激素分泌不足，出现疲劳、缺乏精力、抑郁、身体不适等症状。

☑ 舒眠力（复原力）　代表副交感神经活性。让我们五脏六腑能够放松，心情获得平静，并且在夜间进入睡眠状态，充分休息。若舒眠力不足，很容易发生心血管疾病、心律不齐、猝死以及各种慢性疾病。

☑ 元气力　代表整体神经活性，相当于交感神经活性加上副交感神经活性。随着年龄增加，元气力会逐渐降低，若降低得少，就是年轻化、“回春”了，值得恭喜；若降低太严重，就是早衰，产生各种退化症状和老化现象，需要加紧保养。

☑ 健康力　代表交感神经活性与副交感神经活性的平衡状态。分数越高表示平衡越佳。

☑ 安定力　反映心脏收缩力。心跳越慢，表示安定力越高；越快，表示安定力越低。

相形之下，上班族碰到主管和客户等于斑马碰到狮子，压力很大，不同的是，上班族回家后还是烦恼着工作，睡前又想到主管的话语——那头狮子——隔天还是一样，身体一辈子泡在压力中。这种“未雨绸缪”的能力，是“人之所以异于禽兽者”，是一种演化优势，我们现在不是像斑马还在非洲大草原，而是生活在网络科技中，然而，这也是人类承受高度压力的根本原因。我们的脑神经还是跟一万年前差不多，但压力已经多了一万倍，高压促成自主神经失调的高出现率。

自主神经系统从脑神经出发，向下延伸到全身脏器、组织与血管，面对内外环境的任何细微变化，可以很灵敏地调整身体状态。交感神经负责加快心跳、呼吸、代谢，让血管收缩等，类似“踩油门”的作用，让身体可以运转；副交感神经则是“踩刹车”的作用，减慢心跳、呼吸、代谢，让血管放松等。如果这两套神经系统运作过度、不足或失衡了，就产生种种亚健康症状。2014 年 9 月，我在《魅丽》杂志的专访中，表示“身体会泄露心里的秘密”，自主神经就是随时在你旁边的狗仔队！自主神经系统是重要的心身界面（Mind-body Interface），压力通过自主神经“转译”为身体反应与症状；反之，身体出现症状，也透露了心里的秘密。因此，自主神经功能是相当具有价值的身心指标。

中医学的经典《黄帝内经》认为大医治未病，中医治欲病，下医治已病。意思是教你：没病就先保养，是最好的医生；针对亚健康状态开始治疗，是优良的医生；已经病了才开始治疗，是不及格的医生。显然，西医“预防医学”的观念“早期发现，早期治疗”，是远远不够的。

我们需要从亚健康状态就开始调整，才能避免疾病发生。自主神经检测实为预防医学的利器。

疗愈处方　从自主神经了解身心状态

上班族如何了解自己的自主神经状态呢?

处方1　填写自主神经功能问卷评估

最近一个月，你是否有以下身心状况?

很少：最近一个月内没有发生该症状。

偶尔：最近一个月内发生 1 至 2 次。

经常：最近一个月内发生 3 次或 3 次以上。

身体系统	常见症状	很少	偶尔	经常
1. 神经系统	头痛			
	头晕			
	耳鸣			
	眩晕			
	眼睛疲劳			
	眼睛痒			
	眼结膜充血			
	黑眼圈			
	耳朵不适			

续表

身体系统	常见症状	很少	偶尔	经常
2. 心血管系统	■ 心悸			
	■ 高血压			
	■ 低血压			
3. 呼吸系统	■ 胸闷			
	■ 呼吸困难			
	■ 过度换气			
	■ 喉咙异物感			
4. 口腔与肠胃系统	■ 口干			
	■ 口腔溃疡			
	■ 吞咽困难			
	■ 胃痛			
	■ 胃酸逆流			
	■ 消化不良			
	■ 腹泻			
	■ 便秘			
	■ 胀气			
	■ 溃疡			
	■ 腹痛			
5. 泌尿系统	■ 尿频			
	■ 排尿困难			
	■ 残尿感			
6. 生殖系统	■ 性冷淡			
	■ 勃起困难			
	■ 早泄			
	■ 月经不调			
	■ 不孕			

续表

身体系统	常见症状	很少	偶尔	经常
7. 皮肤肌肉系统	■ 颈部僵硬			
	■ 肩颈酸痛			
	■ 下背痛			
	■ 肌肉紧绷			
	■ 面部僵硬			
	■ 多汗			
	■ 燥热			
	■ 麻痹感			
8. 精神系统	■ 恐慌			
	■ 坐立不安			
	■ 乱发脾气			
	■ 注意力不集中			
	■ 健忘			
	■ 情绪低落			
	■ 暴食			
	■ 厌食			
	■ 厌倦			
	■ 疲劳			
	■ 失眠			
	■ 多梦			
八大系统	自主神经失调症状指数			

计分标准：

很少，算0分；偶尔，算1分；经常，算2分。

自主神经失调症状指数：

≥50，极重度；≥30，重度；≥15，中度；≥5，轻度；<5，无或轻微。

处方2 进行专业自主神经功能检测

乙真是44岁的证券公司女经理，没有重大疾病，长年有严重失眠、疲惫、易怒、满脸痤疮、皮肤暗沉、红疹、腹泻、经前不悦等症状。

她去大医院检查。医生告诉她："恭喜！检查结果一切正常。"

医生只开给她止痛药、胃药、类固醇使用，只是压制症状，没有多大效果。后来，她接受自主神经检测，报告如下图，自主神经年龄竟然是80岁！

她自己也吓一跳，却很能够理解这项检测结果。接下来的反应是松了一口气，终于可以针对自主神经失调来积极治疗了。

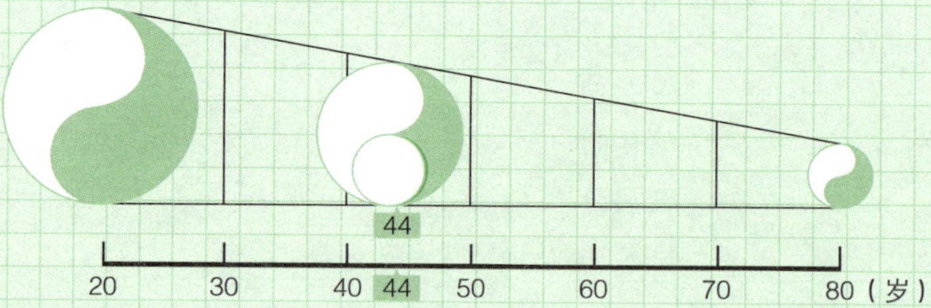

检测说明：太极图大小代表"元气力"，白色区大小代表"战斗力"或中医所说的"阳"，黑色区大小代表"舒眠力"（复原力）或中医所说的"阴"。44岁的乙真，太极图比该年纪标准小了许多，等同80岁大小。

自主神经功能检测，主要采取“心率变异性”（Heart Rate Variability，HRV）分析，测量 5 分钟心电图信号，经过精密仪器运算，获得多项自主神经指标，完全没有侵入性，十分便利，甚至可以做到随时测量。

若上班族深受自主神经失调所苦，并且不得保养要领，建议到具备自主神经检测资质的医院，接受专业评估。

处方3　运用穿戴式健康管理装置

当物联网时代来临，穿戴式健康装置将成为现实。目前，部分地区已研发了小型自主神经记录器，可以监测你的每日心跳、运动量、热量消耗、自主神经五力等重要生理参数。上班族不管早上到办公室，还是假日运动，它都能提供第一手信息。有兴趣的读者可以搜寻相关信息。

症状 06

吃这个也痒，摸那里也痛，怎么办？

一些上班族自主神经失调而不自知，常常病急乱投医，或者自行滥用药物解决。

根据 2014 年 8 月的一项统计，台湾地区民众每年服用 3 亿 2700 万颗安眠药。若把药丸逐一排列，从基隆可以一路排到高雄，长度与中山高速公路相当！这可说是另类“台湾奇迹”，也显示台湾地区民众失眠状况严重，习于用安眠药解决症状，医疗院所也习惯开安眠药，“快速”解决民众需求。

然而，不少人一旦使用安眠药，就开始依赖安眠药，产生认知退化、失忆、滥用的风险，成为安眠药的终身客户，缔造了这个令人啼笑皆非的亿万数字。

失眠，难道是“安眠药缺乏症”吗？

精确地找出失眠原因，并对症治疗，才能避免安眠药依赖的结局。失眠最常见的原因，正是自主神经失调。

胃痛，也是自主神经失调的典型症状。

台湾地区民众在 2013 年共吃掉 22 亿颗胃药，其中制酸剂高达 17 亿颗，金额超过 13 亿元，叠起来高度相当于 6693 座台北 101 大楼！

制酸剂减少胃酸，造成蛋白质、钙质、维生素 C 等吸收不良，干扰生理运作，也造成肠道有害菌过度生长，导致心血管、肾脏、感染等的问题。

自主神经功能与人体免疫系统关系紧密，长期自主神经失调会导致免疫功能变差，急性及慢性过敏症状加剧，发炎反应失控，产生大量自由基而导致提早老化，更是心血管疾病、肥胖、糖尿病、癌症等慢性病，以及猝死的关键原因。

2014 年一个令人震惊的新闻：硕禾前董事长陈继仁，在当年 5 月发现生病后，休假疗养，却在不到半年的时间内辞世，享年仅 54 岁。

陈董花了 17 年，让企业从无到有，度过倒闭危机，从生产光碟转型到太阳能硅晶圆产业，生产太阳能导电浆，是个绝佳典范。

他英年早逝的原因究竟是什么？

陈董在最后一封信中写道：

“当我 5 月 7 日感到非常不舒服赶快去就医之后，又陆续看完台北两大最有名的医院，医生非常严厉地告诉我：‘你生病了，你真的生病了。’‘你一定要放下且安排好所有事情，好好治病。’我终于认真地理解了，17年来我已经过度超用了我的身体，未来我也必须要慢慢偿还过去不当对待身体的债务……，希望大家能注重身体保养，多一份保养，多一份健康！”

报载陈董长期每天工作十七八个小时，个性非常急，只要交办的事没做好，会直接在会议中骂人，不只身体过劳，心理也承受高度压力。在信中他非常懊悔，很希望过去的自己花更多时间在保养身体上，但这通过一生才领悟的建议，却只能送给员工了。

生病，真的没有征兆吗？

让我们从保养自主神经健康，告别亚健康状态开始！

疗愈处方

改善自主神经健康的方法

处方1 基础保健法

刻意放慢步调

上班族压力已经很大，如果个性急，又会把压力放大好几倍。你的身体受得了吗?

很多人属于“A 型人格”，爱跟别人竞争，对人与事容易产生敌意，爱生气，说话和走路速度很快。职场上的老板和主管常属于这种特质，虽然容易达到事业上的成功，但也会提早出现失眠、焦虑、抑郁、高血压、心脏病等自主神经失调症状。

相对地，“B 型人格”的人，则比较从容不迫，随遇而安，不容易被激怒，身心压力会小很多。

因此，如果你是“A 型人格”，要懂得放慢步调。当一群人在地铁里往前冲时，请你开始练习：不要做第一个，刻意做最后一个。

你将看到不同的世界，并且发现自己变得更自在、更清醒、更健康。

腹式呼吸法

腹式呼吸能够增强副交感神经的活性，提升身体的“复原力”与“舒眠力”。

当你焦虑、烦躁、失眠时，都可以运用这个呼吸法，自行调节自主神经，改善身心不适。许多失眠患者告诉我，躺下来就做腹式呼吸，竟“不小心”睡着了！

其实，走路时也可以这么做。当你愿意这么做时，你的身体就赚到了。每一分、每一秒，你都可以赚到健康。

饮食疗法

随着民众对于预防医学的重视、对食品药品安全的要求，“营养医学”在疾病的预防与治疗上，已受到高度瞩目。现代人“热量过剩”，却“营养不良”。平时多摄取深海鱼肉、白肉（如鸡胸肉）、五谷杂粮及绿色蔬菜，少吃垃圾食物，是维护自主神经健康的第一课。

运动疗法

有氧运动可以增加“复原力”，减少过度的“战斗力”，并增加“元气力”，达到抗衰老效果。建议每周 3 次，每次 30 分钟，每分钟心跳超过 130 下。若为轻度运动，也就是一般步行，建议每天至少 60 分钟。

在有心血管疾病的群体中，运动具有保护心脏的效果，且运动表现的进步幅度，和“元气力”的增加呈正相关。

能够减少死亡率与延长寿命的最低运动量，是每天 15 分钟，或每周 90 分钟的中等强度运动，也就是“快走”等级的运动。如果是“慢跑”，则只需要 5 分钟，就能够达到相同效果。

运动除了能改善自主神经健康，还能改善情绪、提升免疫力，甚至达到抗癌的成效。

报载一名年仅 33 岁的科技新贵，一年前被医生告知罹患鼻咽癌。配合医生治疗之后，开始跑步运动，从一天 1 公里开始，到后来每天跑 10 公里，甚至参加各式马拉松比赛，身体状况大幅改善，已经完全验不出癌细胞。

这名科技新贵从年轻开始，就处于高压的工作环境，必须高度自我要求，也许短时间内有较佳的收入，难以拒绝过劳的生活。然而，当事者却付出极为昂贵的代价。因为，让细胞处于极不利的生化状态，当然会提早出现各种急慢性疾病，甚至死亡。

“年轻时，拿命换钱；中年后，拿钱换命。”

通过运动，积极改善你的细胞生化环境，重拾健康，重拾快乐人生！

处方2 进阶治疗法

回避食物及环境急慢性过敏原

临床上发现，自主神经失调者往往有过敏体质，只是自己常常不知道。过敏导致身体过度发炎，与自主神经失调有密切关系，分急性与慢性两种。

大家所熟知的“急性过敏”，是在接触到食物过敏原，或者尘螨、霾、化学物质，就马上发作，免疫球蛋白 E（IgE）过度活化，产生腹痛、腹泻、恶心、皮肤瘙痒、皮肤疹、呼吸困难、鼻塞、头晕、肿胀（嘴唇、脸、眼皮、喉咙和舌头），甚至休克。

另一种是“慢性食物过敏”，食入过敏食物 24 至 72 小时之后，免疫球蛋白 G（IgG）过度活化，产生肠胃不适、头痛、眩晕、常感冒、特应性皮炎、青春痘、疲劳、失眠、抑郁、焦虑、易怒、注意力不集中、多动，当事者可能搞不清楚身体不舒服是怎么回事，找不到原因，干脆归咎于压力。

研究显示，95% 的民众都有这种“慢性食物过敏”现象，每天“病从口入”而不自知，其实在血清中，IgG 浓度是 IgE 浓度的 27 万倍，慢性食物过敏引发了可观的“免疫风暴”。当食物过敏原进入肠道，先是破坏肠道黏膜，产生“肠漏综合征”（Leaky Gut Syndrome）；接着，食物过敏原由细胞间隙直接进入血液，产生大量发炎因子与抗体，导致过度发炎状态，随血液流到身体不同部位，产生千变万化的症状。许多证据显示，慢性发炎是各种慢性病如心血管疾病、糖尿病、癌症、精神疾病的温床。

你可能到过医院进行过敏原检测，医生告诉你："恭喜，检查结果一切正常！"或者，你根据报告回避了过敏项目，却依然深受各种症状困扰。原因出在只检验了二三十种常见 IgE 急性过敏原，并未评估 IgG 慢性过敏原。

还好，目前通过顶尖生物晶片技术，已可以针对一百多种常见食物及环境过敏原，进行全套急性与慢性过敏检测，产生两百多项检验结果，可以作为一生的饮食指南；"趋吉避凶"，是上班族改善急慢性过敏、提升自主神经健康的利器。

政恩在私人银行担任副总经理，同事都知道他动辄生气，在会议中直接责骂对方，女性部属常被他骂哭。这样的状况引起了老板的关注，要他去看医生，他很不满。他的妻子劝他："你脾气很大，又常闹头痛、胸闷、胃痛，不如好好让医生检查看看吧？"于是他勉强去看医生，医生全盘了解病情，检测发现他自主神经失调，还怀疑他有发炎体质，鼓励他做全套急性及慢性食物过敏检测。

检验结果出来，发现政恩对小麦有严重慢性过敏，对花生、牛肉有中度慢性过敏，对人参也有中度慢性过敏；他平常最喜欢吃的，正是牛肉面和花生吐司，而他以为多吃人参片就可以保养身体！在医生的指导下，他改变饮食，回避报告中的35种过敏原，两个月后，出现明显改善。

同事私下讨论：“我觉得政恩应该是吃了镇静剂，不然个性怎么变得那么温和？”“不对，应该是得了躁郁症，在接受心理咨询吧！”

物理疗法

通过物理治疗，特别是运用远红外线原理，针对脊柱两旁的自主神经节神经分支、经络穴位进行刺激，能在30多分钟的时间内，发挥调节自主神经功能的作用。

疲倦、便秘、失眠，纠缠多年的自主神经失调症状，进行物理治疗，不用吃药就能够得到相当满意的改善。

莺纹在知名会计事务所担任会计师，今年39岁，庞大的工作量压得她喘不过气，就算回到家，也无法放松，人躺在床上，心一直飘在公司，盘算着明天要处理的账务。

她失眠已经一年了，到附近诊所拿安眠药吃，发现药效越来越差，她还有健忘、昏沉的问题。她有安眠药依赖现象，不仅药量增加，没吃的话，“公主彻夜未眠”。

有一阵子，她发现冰箱变空，以为家里半夜遭小偷，去报警。同时，她发现自己一直在变胖，觉得很奇怪，装了监视器，才发现“小偷”就是自己！她完全不知道自己做了什么。

还好医生评估她失眠的原因是自主神经失调，要她开始接受物理疗法。一个月后，她不再需要服用安眠药，整个人精神气色恢复正常。

营养疗法

我会鼓励上班族，适度补充 ω-3 不饱和脂肪酸，因为 DHA、EPA 是构成脑神经与自主神经细胞的重要成分，能稳定神经功能，更有着抗发炎的效果。民众饮食常严重缺乏它，建议适当补充植物性的紫苏油，或动物性的深海鱼油。

关于自主神经的营养保健，有下列种类：

（1）抑制交感神经：γ-氨基丁酸（GABA）、钙、镁。

（2）增强交感神经：辣椒、薄荷。

（3）提升副交感神经活性：谷维素（γ-Oryzanol）、脱氢表雄酮（DHEA）

（4）提升整体自主神经活性：B 族维生素、DHA、EPA。

借由进阶疗法，上文中提到的 44 岁的证券公司经理乙真，不仅身心症状大幅改善，通过检测，发现自己的自主神经年龄，竟从 80 岁回到了 39 岁（见后图）。不用药物，就达到了抗衰老的效果！

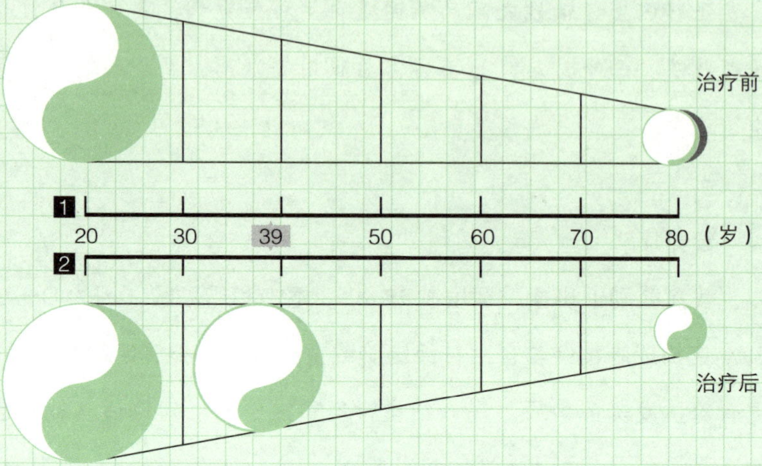

乙真的自主神经功能比较图

症状 07

同事都说我情绪会失控

报载一名任教5年的幼儿园老师，经常体罚学生，上星期突然又情绪失控，拿棍子对着3岁的小朋友猛打，孩子被打到狂哭闪躲，其他小朋友面露惊恐。校方第一时间否认这件事，直到教育局介入，才将该名老师解雇。

当事者逞一时之快，为了发泄负面情绪，不仅摧毁了自己的人际关系、丢了工作，还要面对后续的法律问题，可说得不偿失。

人为什么会变得这么愤怒?

从神经科学的角度来看，当人遇到生存威胁时，脑中有3种本能反应的设计，即3个F——战斗（fight）、逃跑（flight）、求和（freeze），分别与大脑深处杏仁核（amygdala）的三个部位有关，产生愤怒、恐惧，以及愉快等三种情绪。因此，愤怒是求生本能之一，代表了当事者感到威胁，害怕受伤害，必须做出因应行为。临床上发现，愤怒的本质，常是恐惧。

在你的人生过程中，有一段时间很容易生气，那就是孩童至青少年时期。为什么？

脑中主管愤怒的神经回路，包含了杏仁核与前额叶，特别是杏仁核，产生愤怒情绪与记忆，从人一出生就已经发育完成。不过，掌管理性抉择与情绪控制的前额叶，以及从这里延伸到杏仁核的神经轴突，要到 20 岁才会成熟，因此，未成年人容易生气，跟脑部生理发育有关，不见得是“故意”的。

愤怒是人性，“潘多拉的盒子”就藏在大脑深处。

神经外科医生文森特·马克把电极插进一位 21 岁女性杀人犯的脑中，置放在杏仁核的某个位置，通上微弱电流，她突然发飙，把房间里的东西都砸烂，并且用力撞墙。当电流停止，她又恢复平静。

医生推测这个小地方（侧基核）的异常放电，导致了当事者的暴力攻击，因此用电烧掉。结果，她完全恢复正常。在针对谋杀犯的脑部研究中，也发现前额叶活动明显低落，调控杏仁核的能力不足，可以解释为何当事者有失控的愤怒与攻击行为。

魔鬼的毁灭力量，也许早就藏在每个人的脑中吧？

然而，天使的拯救力量，也在脑中。当前额叶的冲动控制能力增强，使杏仁核能够得到适度的调控，人的情绪就能够保持在适当范围。

这是教养孩子的重点。研究证实，这套情绪回路是否发展成熟，和父母能否提供给孩子“安全依附关系”（也就是爱与支持）和正向的情绪刺激有关。

美国纽约大学神经科学中心约瑟夫·勒杜教授发现，当情绪信息出现，从视神经抵达视丘（重要的信息传递站）后，有两条路径：

一条是大老远地抵达大脑皮质，再由前额叶神经传递控制杏仁核，等于是先搞清楚事情再产生情绪，这是一般状况。

另一条则是直接通过“临时应急的神经回路”抵达杏仁核，往下传递到动作系统，立即做出愤怒、微笑或其他反射动作。你还不知道发生什么事，就已经做出反应！1/4 秒后，这些信息才抵达大脑皮质，让你知道发生了什么事，做了什么事，是否后悔。

因为遗传体质、成长历程、创伤经历、生活压力等因素影响，当应急回路较发达，而一般回路较不发达时，就产生愤怒的反射情绪。这可以解释为什么职场中有人翻脸比翻书还快，情绪瞬间失控，事后又觉得后悔。因此，强化大脑前额叶的功能，对于愤怒的调节很关键。

精神医学描述一种“间歇暴怒障碍症”（Intermittent Explosive Disorder），当事者出现阵发性失控性的愤怒及攻击，以言语或肢体暴力的方式，导致对他人、财产、动物的损害，产生工作、人际关系、财产、法律等层面的问题。当事者在 3 个月内，平均每周有两次以上言语或肢体攻击，或者 12 个月内有 3 次以上的肢体攻击，达到损伤物品、伤害到他人身体的程度和刺激事件或压力强度不成比例，并非事先计划或有明确目的，纯粹是临场失控。

当事者在攻击性行为出现之前，可能会有压力感或警觉性增高的情形；在发泄怒气之后，压力感或警觉性会降低，带来一种宣泄的满足感。然而，暴怒过后，常会为自己的“失控”行为感到后悔，因此，属于一种“冲动控制障碍”。

他看起来可能很斯文，个性是顺从、压抑甚至懦弱的，但暴怒的行为让他感到自己是强壮的，弥补了长久脆弱的负面感受。然而，冲动过后，又再度自我责备，感到自己依然是脆弱的。

疗愈处方

面对愤怒海啸的技巧

处方1 深呼吸法

当对方讲到某一点激起我们的愤怒时，我们的反应时间其实很短，调整呼吸可说是最快速降低愤怒的做法。在“症状 06”的疗愈处方“改善自主神经健康的方法”中，我提到的腹式呼吸，就是一个很有用的方法。

若你还不熟练，可以直接运用深呼吸法。

> 深呼吸指导语：
>
> 让自己的呼吸变得深、变得长。
>
> 用鼻子吸气，内心慢慢数“吸、1、2、3”，用微张的嘴巴吐气，内心慢慢数“吐、1、2、3、4”。让呼气的时间拉得比吸气长。
>
> 请你维持微张的嘴形，让压力从耳朵进来，从嘴巴出去。别紧闭嘴唇累积压力。
>
> 不管遇到什么事，只注意：让自己每一次的呼吸，都是深长的。
>
> 连续做 10 分钟。

处方2 暂时隔离法

当发现自己变得愤怒时，马上告诉自己："停下来！"接着，不管是在什么场合，请你借故尽快离开现场。去上洗手间，用冷水洗个脸，再喝杯水（最好慢慢喝个 500 毫升），出去透透气，半小时或一小时后再回来，处理面临的状况。

"尿遁法"也是一种智慧。

历史上最伟大的一次尿遁，是刘邦参加鸿门宴。《史记·项羽本纪》记载，当时，张良提醒刘邦，项羽似乎有暗杀他的企图，刘邦就推说要出去尿尿。

绝的是，刘邦对随扈樊哙说："我现在出来了，但还没跟项羽他们说拜拜，会不会不礼貌啊？"

樊哙回答："大行不顾细谨，大礼不辞小让。如今人方为刀俎，我为鱼肉，何辞为？"直接逃跑就对了。

历史证明，天下是刘邦的。

不要让你的愤怒搅乱大局，尿遁也可以创造历史。

处方3 转移注意力法

现象学之父胡塞尔（Edmund Husserl）提醒我们："当你觉得

快要抓狂时，把意识转移到其他比较没有争议的对象上。”

如果时间是充裕的，请转移注意力，改成处理别的事情，看部电影、画禅绕画、和朋友聚餐、去运动都好，让自己有新的专注对象。一个礼拜以后，再来思考这件事。

处方4 负责任的自我对话

失控的愤怒存在两个有趣心理：一是不负责任，“你让我很生气”，怪罪对方，要他为自己的生气负责。二是自我惩罚，当别人真的犯了错，你却用当下的或长期的愤怒来惩罚自己，让自己变成情绪的囚犯。

在气头上时，我们可以这样告诉自己：

- “我正在让自己生气，而不是他。”
- “我可以清楚地向他表达个人立场，但不要生那么大的气。”
- “不行，明明是他的错，却是我受到情绪的惩罚？我要过得更好才对。”

丹尼尔·西格尔医生在《第七感》(*Mindsight*) 中描述，一位年轻病人说当他遇到刺激时：“会努力叫我的前额叶皮质，喷出 GABA 黏液到我的杏仁核上。”

GABA 是脑中抑制性的神经传导物质。这就对了！

处方5 寻求他人的回馈

你可以把自己暴怒的状况，跟信任的同事或亲友说，并主动请教对方：

- “我看起来很生气吗？”
- “我刚刚的眼神（或表情、语气）真的很凶吗？”
- “我在表达不满的时候，语气会不会太过强硬？”

让亲友同事来帮助你看到不自觉的生气反应，产生动机去改变。

处方6 在愤怒还没累积时，就先告知对方，并且找机会释放

在开会前，就先“自我揭露”，告诉同事：“我今天心情很烦躁，如果等一下讨论我会失态，请多包涵！”或者，先找要好的同事抱怨一次，再去开那个会，就会觉得没那么生气了。

美国心理学大师埃利斯到了90多岁还身强体壮，努力工作，一生拥有绝佳的EQ。他提醒道：“在愤怒控制你之前，先控制它！”（Control your anger before it controls you.）就是这个道理。

处方7 最重要的原则：情绪需要疏导，绝对不要压抑

相传禹的父亲鲧，受尧帝之命治理洪水，采用修堤筑坝的“堵”法，结果雨季洪水暴发，堤坝崩溃，酿成巨灾，鲧被天帝赐死。鲧死后，禹受命治水，改用疏导法，“疏川导滞”，终于成功，名留青史。

对愤怒的管理，就像大禹治水。人内心的情绪洪水，难以防堵，只能疏导。

你肯定会有生气的时候，就像洪水周期性地出现。若你只知道“心理防卫”，极力压抑或移转，是危险的。五花八门的心理怪象，常是这样来的。需要引导这汹涌的负面能量，有个合理的方向可以流动，方能够从一次次的危机中蜕变、重生。

因此，把压力说出来、写出来、唱出来，都是很有帮助的。发现有困难时，寻求心理咨询／治疗、精神科治疗协助自己，让危机成为转向幸福的契机。

症状 08

个性就是爱生气

开会的时候，怡化承受陈院长的炮火猛烈攻击，整整 1 个小时。他看到陈院长的脸孔因怒火燃烧而扭曲，一直要在身上点起火来。陈院长连给他 1 秒钟解释的机会都不愿意，他只能默默地低下头来。

当他低下头时，眼睛的余光瞄到在场的高级主管与各单位主管，全部都跟他一样低着头，流露出唯恐不小心被流弹打到的神情。

这时，怡化恍然大悟："我就像舍己为人的圣人，帮世人承受院长的暴怒！"

一想到这里，莫大的安慰从他心中蔓延开来……

故事中的陈院长非常爱生气，别人也不是傻瓜，在他面前装出一个样，私底下对他都很不满，大家阳奉阴违，不再真诚相待，都习惯欺骗，陈院长自鸣得意地生活在谎言世界当中。

爱生气最常见的原因是性格问题。这不仅让你过度敏感、容易受到刺激、喜欢制造压力给自己和别人，长期更可能导致身体疾病。

这类性格包括：A型、D型、C型性格。

“A型性格”者，性子很急，说话速度、步调都很快，总是喜欢跟人家比高下，再怎么小的事情都一定要赢才行。容易对外在的人和事不满意，产生敌意，几乎都很爱生气，动辄狂骂别人。

从另一个角度来看，他可能给自己很大的压力，逼迫自己，怪罪自己，无法接纳自己，导致自己不快乐。他不自觉地用一样的标准要求别人，并把自己的不快乐投射到对方身上。

在主管阶层当中，“A型性格”者特别多。这显示“A型性格”的优势是比别人更积极、更有效率，易于达到事业上的成功。然而，拥有这种爱生气的脾性，当事者也将付出昂贵的代价：轻则造成负面的人际关系、四面树敌；重则导致急、慢性疾病，威胁健康与生命。

研究证实：“A型性格”者暴露在过高的压力激素下，引起免疫系统失调，身体长期处于“发炎失控”状态，引发了高血压、心肌梗塞死、代谢综合征等疾病。

我常鼓励“A型性格”者要适时地向“B型性格”者学习，后者有着相反的特质，步调慢、从容不迫、不容易生气。这样的话，

"A 型性格"者将能够减少压力带来的身心危害、有更好的人际关系与生活品质，并且能把自己的优势发挥得更好。

"D 型性格"，指的是抑郁型性格（Distressed Personality），核心问题是自卑，产生以下两大特征：

- 消极情绪。看事情很悲观，爱抱怨，虽然想生气，但压抑自己的怒气。
- 社交压抑。不善于在社交场合与人互动，对别人的拒绝很敏感，避免接触不熟识的人，不爱表达自己的真实情绪。

"D 型性格"者较一般人容易得冠心病，"消极情绪"越多，越容易出现冠心病的胸痛症状；"社交压抑"程度越高，动脉粥样硬化风险也越高，冠心病发作后心脏复原能力变弱。

"C 型性格"，指的是癌症倾向性格（Cancer-prone Personality）。当事者在朋友圈中会是有名的"好好先生／小姐"，然而真实的状况是：心里有强烈愤怒、抑郁、焦虑的感受，却为了取悦别人、怕得罪对方，尽力回避冲突、极力压抑自我情绪。

"C 型性格"者虽然极力压抑自己，其实，情绪是很容易波动的。长期在情绪压力之下，导致体内免疫失调，研究发现，"C 型性格"者的癌症发病率比一般人高五成。

觉察自己有负面情绪，不要一直去压抑或卷进情绪旋涡。其实身体正在帮你。

如果自己不仅容易生气，也伴随难以理解的身体症状，那么恭喜你，身体是在跟你沟通：“你是不是过度压抑了愤怒？”而不会到了未来某一天，身心疾病真的找上你，你才意识到，这几十年的负面情绪，代价好大。

磨牙症（bruxism）是其中一种代表。

雪鸿是一位30岁上班族女性，在高科技公司担任工程师，表现杰出。但到了半夜，她的男友常被她惊人的磨牙声给吵醒，她男友形容那声音像十指指甲用力刮玻璃一样。她曾经接受牙套治疗，但只能改善她牙齿的磨损——就像吃了20年的槟榔一样——却未能改善磨牙的情形。

她的男友拉她来看身心科医生，医生发现：

雪鸿从小生长在富裕家庭，是被父母捧在手掌心的小公主，相当地以自我为中心，一生气，全家都要配合她。毕业后，到德国鲁尔工业区担任光电工程师，去年因为家庭变故，回到台湾地区职场。当同事开她玩笑，或者主管委婉指出她的问题，她很容易有被侮辱的感觉，勉强维持笑容，但会在心里咒骂一整天。晚上，当她入睡后，不再能咒骂，磨牙的状况就开始出现。

当事者从小养成的自恋心理使她很容易受到伤害，把现实真相解读成侮辱，产生“自恋性的愤怒”(narcissistic rage)。她不知正确处理或转化这愤怒，仅用压抑的方式，总有一天会压抑不住。这“咬牙切齿”的状态正在告诉她：

“你的愤怒需要更好地处理了！”

对这位“夜夜磨牙”的女性上班族来讲，她的身体善意地泄露了心中的秘密。

疗愈处方 转化愤怒为生命能量

处方1 书写你的愤怒，但不要寄出去

书写，是最棒的疗愈方式之一。

如果对方让你生气，你可以把心中的负面情绪、极端想法或冲动计划，一五一十地写在日记里。在写的过程中，情绪逐渐宣泄，思绪不再漫天狂舞，尘埃逐渐落定。让这件事情浸泡在福尔马林里，你的生命如百年历史的医学院多了一个标本罐。

你可以写成一封信，重点是——不要寄出去，就锁在你的抽屉里。

处方2 培养“存而不论”的处事方法

《庄子·齐物论》曰：“六合之外，圣人存而不论；六合之内，圣人论而不议；春秋经世先王之志，圣人议而不辩。”“存而不论”，指把问题保留下来，保持开放的想法，不管自己喜欢不喜欢，包容各种可能性，暂不讨论或定案。

西方哲学家胡塞尔也在现象学的理论中，强调“存而不论”

(Phenomenological Epoché)。让自己有机会跳出愤怒的旋涡，借由某种见证，为一己生命、为整个社会留下一个记录，留给未来的自己与社会，重新省思。

盛雄是年轻的律师，在应聘大型律师事务所时，合伙人律师跟他谈工作内容，就是知识产权法律专业上的业务。没想到，进入事务所后，合伙人律师的秘书告诉他："最近另一个律师离职，你要把他的海商法业务扛起来。"

盛雄在职场上最深恶痛绝的事情发生了。当下他很想冲进合伙人律师的办公室发火，但他想到合伙人律师个性不好对付，告诉自己要冷静，不要马上处理。他回家写下一封万言书，锁在自己的抽屉里。锁好的那刻，他发现自己的愤怒少了八成，当晚"竟然"没有失眠。

隔天，他冷静地跟合伙人律师讨论这件事，合伙人律师说："哦，是我弄错了，我是要另一位律师处理这事。你放心处理知识产权的案子就好，一切会照合约的。"

盛雄很庆幸没有发生直接冲突，毕竟两个人闹翻，他就得重新找工作了。他发现了职场中的一门重要智慧，就是"存而不论"，热情参与，也保持一份历史学家的冷静。对于未来在职场上发展，他有了更大的信心。

处方3 培养“建设性的愤怒”

《孟子·梁惠王下》有一段精彩描述。

齐宣王说：“我有个毛病，喜欢逞强好勇。”孟子回答说：“大王请不要喜欢‘小勇’。当你紧握宝剑，怒视对方说：‘你敢跟我较量吗？’这是匹夫之勇，不过能打败一个人罢了。希望你喜欢‘大勇’……周文王一怒而安定天下百姓……周武王也一怒而安定天下百姓。假设您也一怒而安定天下百姓，百姓就唯恐大王不喜欢逞强好勇！”

愤怒，可以把你的饭碗给砸了，也可以掀起伟大的社会改革。“文王一怒而安天下”，就是“建设性的愤怒”。

处方4 从愤怒当中成长

陷入愤怒反应的自己，是最为真实的。因为，对方精准地打击到你的痛点。你可以问自己：“怎么了？我为什么生那么大的气？”

好好面对这个脆弱，了解自己，从中学习，你将发现：就因为你所生气的那个人，你的潜力才被激发出来。

唐太宗汲取隋朝灭亡的历史教训，居安思危，鼓励臣下“直谏”。名臣魏徵还真的直接指出唐太宗犯的 200 多个错误。当魏徵死去，太宗伤心地说：

“夫以铜为镜，可以正衣冠；以古为镜，可以知兴替；以人为镜，可以明得失。……今魏徵殂逝，遂亡一镜矣。”

愿意聆听部属“直谏”的，是最好的，也将是最成功的主管。

事过境迁，你会感谢惹你生气的人。

处方5 不要冲动，想清楚怎样获得“最大利益”

英国 19 世纪的首相帕麦斯顿说：“（我们英国）没有永远的朋友，只有永远的利益。”听起来很冷血，却道尽职场的真理。

不要因为一时毁灭性的情绪，而永久地得罪了对方。

说来奇怪，这世界很小，也很无常。一时宣泄情绪，却得罪对方，到处树敌的结果，会使你的未来更加辛苦。没有必要这样的。好好想清楚你的“最大利益”是什么，不要“因小失大”。

《史记·淮阴侯列传》说：韩信曾经在年轻时遭受“胯下之辱”，后来却成为汉朝大将。公元前 203 年，刘邦受项羽之困，这时，镇守齐地的韩信利欲熏心，问刘邦：“我可以当‘假齐王’，来辅佐你吗？”刘邦一听，气急攻心，准备要骂人了。

这时，张良、陈平狠狠踩住刘邦的脚，附耳告诉他："现在我们势力微弱，齐地真的需要韩信来稳定，千万不要跟他闹翻！"刘邦很快听懂了，马上改骂："男子汉大丈夫，要当王，就当个真王，当什么假王！"顺利度过了危机。最后，韩信被吕后借故处死，株连三族。

韩信被刘邦报复，可说是情商不足的下场。

刘邦之所以赢得成功，是因为能够顾及自己的"最大利益"，不冲动，甚至理性地权衡利弊，暂时做出牺牲，获得了最终的成功。

症状 09

我感觉自己好紧张

小明躺在手术台上，看到医生护士忙进忙出，在做手术前的准备，心里越来越紧张，跟医生说：

“医生，这是我第一次动手术，心里真的非常紧张！”

这位医生相当善解人意，拍拍小明的肩膀，安慰他说：

“没关系，我也一样！”

焦虑，是因为担心预期发生的事情，而引发了不安的情绪。适度焦虑，是求生存、提升表现的不二法门。个性容易紧张的人，常有更积极的表现。许多成功人物都坦承，自己很容易紧张。

焦虑是人面临压力时的反射性情绪，肾上腺素大量分泌，大脑的杏仁核、眶额叶皮层（Orbitofrontal Cortex，OFC）、前扣带回皮质（anterior cingulate cortex，ACC）过度活化，激发了交感神经系统，产生“战”（fight）或“逃”（flight）的身体焦虑反应，焦虑是求生存的重要生理信号。

过度的焦虑，却大大损害了当事者的表现能力。当紧张失控，当事者不仅无法工作，也可能陷入自我否定、绝望厌世的状态之中。

在我的门诊中，有许多上班族紧张到“广泛性焦虑症”（Generalized Anxiety Disorder）的程度，在大部分的日子里，有着过度的焦虑与担心，自己难以控制这种忧虑，伴随焦虑综合征，如：静不下来、烦躁、不耐烦；容易疲劳；无法专心，脑中一片空白；容易生气；肌肉紧绷；失眠、多梦。

凯撒大帝说：“看不见的东西比看得见的东西，更令人觉得可怕。”

其实，危险并不是每分每秒都在眼前。然而，人会自觉或不自觉地预期：每分每秒都充满危险，造成了没有用，甚至有危害的焦虑。究竟哪些“看不见”的东西，让上班族焦虑呢？

过高的自我要求，是焦虑的重要来源。身为上班族的你，力求上进本是件好事；然而，追求上司的肯定，可能带给你更多的工作量与压力。这是一种“超我焦虑”（superego anxiety），觉得无法达到社会所期待于你的高标准。这是从与父母互动模式中内化而来的。

工作的表现也会勾起自己不如人的自卑感，对失败特别地恐惧，特别害怕“输”给同事，无法接纳自己会有不如人的时候。这可能和“手足竞争”（sibling rivalry/competition）的心理情结有关，从你小时候跟兄弟姐妹竞争父母有限的关爱，就已经开始了。

也许你非常期待通过努力表现，得到上司的欣赏与接纳，却发现自己永远得不到。就好像一辈子努力，想得到父母亲的接纳，却落了空。也许父母的一方很不负责任，你很痛恨他，避免自己有任何的“不负责任”，希望得到父母的另一方的接纳，因而过度承担了责任。

有些时候，焦虑起源于愤怒，你害怕因为表达愤怒，而真的被抛弃（被孤立或被解雇），因此，试图压抑这份对同事或主管的敌意，却没想到这种负面情绪终究转化为焦虑，说出你心底真正的感觉。如同美国小说家爱伦·坡笔下《泄密的心》（*The Tell-Tale Heart*），一直隐瞒真相的杀人凶手清楚地听到死者的心跳声，主动向警察招认了凶手就是他自己。

在我的门诊中，上班族除了受“广泛性焦虑症”所苦，“恐慌症”（Panic Disorder）也相当常见，带给他们巨大的身心困扰。

你可能会注意到，自己突然吸不到空气、觉得快要窒息、心脏怦怦乱跳、喉咙好像被异物卡住、头昏脑涨、胸闷、恶心、冒冷汗、手脚麻木，甚至感觉快要死掉，让你不假思索赶紧冲到急诊部，检查却没有任何生理异常；后续到心脏内科、胸腔科、肠胃科做了许多检查，也都是正常。常拖了半年以上，最后才转到心理科来，得到适当的治疗。

这就是恐慌症，当事者已有自主神经失调的问题，“元气力”“复原力”比一般人低，导致有一点心理压力，或者在不舒服的场合（譬如拥挤时，氧气浓度略低时），身体就开始发出“假警报”，引发一连串负面情绪、认知、行为，导致“恐慌发作”。

恐慌症的形成

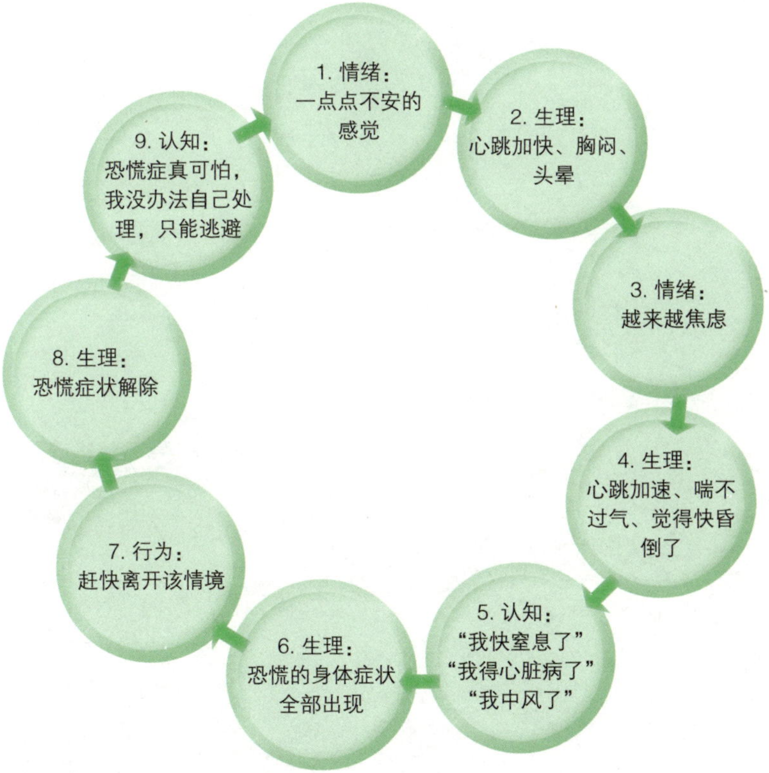

当事者非常担心下次又会有同样的不适症状爆发，尽力回避相关刺激与场合，譬如：想到某件事、看到人群、晚上一个人、自己开车上高速公路、经过隧道、坐飞机……于是，产生恐慌症的恶性循环，如上页图示。

其实，让自己放松，重建合理想法，不要逃避相关场合，从威胁性较低的场合开始适应，再逐步挑战更困难的情境，恐慌症是一定可以克服的。

疗愈处方

找回你天生的正念能力

上班族如何改善过度焦虑？学习正念减压（Mindfulness-Based Stress Reduction，MBSR），会是最简单、快速、有效的做法。

正念（mindfulness），又称内观，指的是通过持续地专注，觉察当下，与当下体验培养亲密感。现代人的心念特别忙碌，迷失在一个接一个的“行动”（doing）中；正念鼓励与经验共处，成为充分觉察的“存在”（being）。

当我们还是小孩的时候，拥有最好的正念能力。一堆沙、几块积木，你可以玩一整天，不管妈妈叫你去洗澡或吃饭；跑步跌倒，会大哭，但过了10分钟，你又笑着和同伴一块玩；第一次吃饭配酱油，你说：“世界上怎么会有这么好吃的东西？”

曾几何时，你没办法专心超过5分钟；只要手空出来，一定要去滑手机；同事跟你讲话，你心不在焉；半夜一躺到床上，头脑才开始清醒，开始倒带今天发生的烂事；早上起来，想到今天要做会议报告，开始觉得肚子痛，不然请个病假好了……

你我生活在狂乱的世界中，常陷入“自动导航”状态，没觉察到自己在做什么，常常专注在完成目标上，而忽略了过程。正念学者布朗和莱恩鼓励我们问自己以下的问题：

- 你是否发现自己的心思被未来或过去盘踞？
- 你是否匆忙地接续一个又一个的活动，没有付出太多专注力？
- 你是否常一边听着别人说话，另一边却做着其他事情？
- 你常冲到要去的地方，却没注意沿途的风景？
- 你常没注意身体不舒服的感觉，直到真的不得不注意的时候？

现代人失去正念能力而产生以上现象，心思不断飘移（floating mind），抑郁、焦虑、空虚感等心理症状接踵而至。

正念减压的核心内容，包括葡萄干练习、正念呼吸、身体扫描、三分钟呼吸空间、艰辛禅、正念人际关系等，能帮助你：

- 觉察身体经验，如情绪、思考、身体感觉，保持不批判的态度。
- 对于自我与世界，保持好奇心与慈爱。
- 接纳现实，不管经验的感觉是舒适还是不舒适。

这样，不仅能培养你与负面情绪共处的能力，更能够带你远离焦虑抑郁，让自己随时处在平静、放松的状态。

2009 年《美国国家科学院汇刊》的一篇研究发现，和一般放松组相比，正念冥想组有较高的副交感神经活性、较低的交感神经活性，呈现较佳的自主神经状态。

正念冥想的脑部生理特征，是激发了右侧亚属前扣带回皮质以及左侧脑岛，牵涉自我的调节能力，和情感镜像神经元（mirror neurons）也有关，充分反映了“存在”模式，对身与心保持接纳态度，达到放松的效果，增强了副交感神经活性。

相对地，一般放松训练则激发了右侧脑岛，与内在生理状态的察觉、能量消耗、警觉、自我的关注有关，反映了“行动”模式，也就是通过“努力”和“控制”，来保持放松，反而会增强交感神经反应。

科罗拉多州的神经科学家克里夫·沙仑研究冥想训练对于初学者的身心影响，发现进行冥想训练的大学生专注力明显提升、抗拒分心的能力增强、更有自制力。抽血检验发现其细胞端粒酶增加，能够减缓端粒缩短，可以抗衰老，达到了“回春”效果。

意大利心理师桑巴博有着非常顺利的事业与人生，获得临床心理学博士学位，治疗病人无数，但他发现自己困在负面情绪当中，既焦虑又抑郁，他困惑地问：“所有外在的事物，看似那么美好，但是，为什么我的内在，却如此悲伤？”

后来他接触正念，才探索到深藏的往昔创伤，逐步自我疗愈，重新找回生命的美好。

症状 10

我心情很郁闷，人生没希望了……

2003 年 4 月 1 日，歌坛和影坛巨星张国荣，在演艺高峰的 46 岁，从香港一家酒店跳楼身亡，结束传奇的一生；2014 年 8 月 11 日，《心灵捕手》男主角罗宾·威廉姆斯于家中割腕、上吊自杀，享年 63 岁。

两位巨星是职场成功典范，名利双收之外，更带给世人欢笑，改变了许多人的命运，然而，却以此方式离开世界。究竟为什么？

他们长期为抑郁症所苦，是重要原因。抑郁症可能发生在职场中的任何人身上，不分职位高低、有钱没钱、是他人眼中的成功者还是失败者，甚至不分快乐悲伤。

抑郁症是怎么找上你的？

遭遇压力时，你会先经历焦虑，那是竭尽身心能量，试着突破障碍的状态。你有点无力感，而“抑郁情绪”就出现了。不管焦虑还是抑郁，都属于正常的身体信号，提醒我们要做一些改变。

然而，时日一久，当你发现无法改变什么时，将引发强烈的“习得无助感”（learned helplessness），你觉得心灰意冷，所谓“哀莫大于心死”就是如此，进一步引发了脑神经与身体生理的失调，“抑郁综合征”产生，我们称为“抑郁症”。

你觉得每天大部分的时间都在情绪低落的状态，明显对事物失去了兴趣，即使是你之前爱看《快乐大本营》，或喜欢找朋友喝下午茶，现在也懒了，并且出现以下症状：

- 体重下降或上升。
- 嗜睡或失眠。
- 心理运作和肢体动作迟缓。
- 容易疲倦或失去活力。
- 无价值感或强烈罪恶感。
- 注意力不集中或犹豫不决。
- 经常想到死亡。

强烈的低潮、不适的身体，导致工作表现变差，甚至无法工作，开始请假，整天退缩在房间里，吃、喝、睡等自我照料都发生了困难。临床上我们称之为“抑郁症”。抑郁症不只是心理的变化，还会出现脑部运作明显异常，血清素过低、去甲肾上腺素过低、多巴胺浓度失衡等状况。同时因氨基酸、维生素、矿物质等辅因子摄取不足或消耗过快，进一步导致神经传导物质的合成困难。

抑郁症患者身上的促发炎细胞激素浓度也明显偏高，抗发炎细胞激素浓度偏低。促发炎细胞激素会活化色氨酸及血清素分解酶，导致抑郁症状。经过治疗，促发炎细胞激素减少，抗发炎细胞激素增加，抑郁症也就改善了。

流行病学研究发现：如果祖父母或父母有抑郁症，则子女罹患抑郁症的概率是一般人的 3 倍。女性罹患抑郁症的概率是男性的 3 倍。抑郁症发作期间，从半年到一年不等。

抑郁症的危险性在于当事者有很高的自杀风险，高达 1/5 的抑郁症患者曾经试图自杀，是一般人的 20 倍；若曾有自杀企图的人，其自杀危险性更是达到一般人的 38 倍。相对之下，癌症患者的自杀危险性仅为一般人的两倍。

需要注意的是，抑郁症也可能发生在躁郁症、产后，或其他生理疾病患者身上。

郑泰安教授等人 2013 年发表在权威医学期刊《柳叶刀》的大型研究指出，近 20 年来台湾地区常见精神疾病（如抑郁症、焦虑症等）的盛行率由 1990 年的 11.5%，增加到 2010 年的 23.8%，足足翻了一倍，和台湾地区的失业率、离婚率、自杀死亡率一致。

为何如此？

社会因素扮演重要角色。因为，近年台湾地区经济有相当的质变，劳动密集产业外移至大陆与东南亚地区，适逢全球经济衰退，内部景气急遽衰退，就业市场严重萎缩，民众生存压力剧增。

董氏基金会在 2014 年发表调查报告，台湾地区成年群体中，高达 209 万人有明显抑郁情绪，感到抑郁的主因是“工作”。最大工作压力排行榜：

第一名是业务内容，包括业绩压力、业务量；

第二名是健康，包括长时间外食、加班、没时间运动；

第三名是时间，包括工作时间过长、工作日夜颠倒等。

这给全球其他地区三个启示：

- 失业率攀升带来的不安全感与恐惧，不亚于失业。
- 财富的目的，应该在于生活必需品、社会保障储蓄、休闲娱乐、健康照护，以及社会安全。
- 在经济指标之外，应纳入民众“幸福感”指标。

事实上，全球性的社会压力也在剧增。2020 年，抑郁症将成为仅次于心血管疾病的世界第二大疾病，2030 年将超越心血管疾病，成为世界第一大疾病！

因此，发现同事陷入抑郁时，务必多给予关心，委婉地询问他，有何需要协助之处？是否有结束生命的念头？适时提供温暖，鼓你可以借由“心情温度计量表”（简式健康量表），了解自己的情绪状态。

请你回想最近一星期内，感到困扰或苦恼的程度，然后圈选最能代表感觉的答案。0—4 代表分数，题目内容如下：

	完全没有	轻微	中等程度	厉害	非常厉害
睡眠困难，譬如难以入睡、易醒或早醒	0	1	2	3	4
感觉紧张不安	0	1	2	3	4
觉得容易苦恼或动怒	0	1	2	3	4
感觉抑郁、心情低落	0	1	2	3	4
觉得比不上别人	0	1	2	3	4
★有自杀的想法	0	1	2	3	4

“心情温度计量表”总分为 20 分（前五题），依据得分可分为几个等级：

☑ 5 分以下。正常范围，表示身心适应状况良好。

☑ 6 到 9 分。轻度情绪困扰，建议找家人或朋友谈谈，疏解情绪。

☑ 10 到 14 分。中度情绪困扰，建议寻求心理咨询或接受专业咨询。

☑ 15 分以上。重度情绪困扰，需高关怀，强烈建议寻求心理专业辅导或精神科治疗。

☑ 第六题“★有自杀的想法”为单项评分之附加题，若评分为 2 分（中等程度）或以上时，宜考虑介入治疗或接受专业咨询。

励其接受心理健康专业人员的帮忙，他便能重拾快乐。

抑郁症发作的时候，当事者常封闭自己，造成他人协助上的困难。牙痛时，人人都懂得去看牙；但“心痛”时，却不愿意和医生谈心。同事在关心时，可能也会遇到困难。

也许一开始，他拒绝你的协助，或者恶言相向，那是因为他心情不好。绝大多数的状况下，他会因为你的支持而感到心情好些。当他从危机中走出来，会感谢有你这么一位好同事，能够越过他的心理抗拒，真正帮了他一个大忙！

疗愈处方

熟练正念减压技巧

抑郁是一种痛苦的情绪。如果你曾经得过重感冒，你就能够感受那种“生不如死”的身心不适感。不少抑郁症患者是因为想结束这种不舒服的情绪，而想到结束生命。

因此，若能培养度过痛苦情绪的技巧，就能度过抑郁风暴。

著名作家萧军曾说：“以必死的精神活下去，什么力量可以阻挡你呢？”

这句话说得直击痛点，意思是只要你不计成败得失，把痛苦当成理所当然，做最坏的打算，一定能够坚定地活下去。

2013年诺贝尔文学奖得主加拿大作家艾丽丝·门罗在小说《安慰》当中，写了一个女人的心事。她目睹丈夫自杀身亡，一边办后事，一边回忆起往日逸事，强忍着悲伤马上将其火化，并且用手将骨灰撒到路边的植物当中，当时她感到：“这样做好像六月涉水，然后投身到湖里做第一次冰泳。起初是要生病了的震惊，然后是你还在动的惊喜，被坚决之流拖起——在你生命的水面上冷静地生存下去，虽然那冰冷的刺痛不断冲进你身体里去。”

度过抑郁期的关键，正在于领悟“是情绪糟，不是你很糟”。情绪就像超级强烈的台风，非常可怕，然而台风终将远离，明天，你仍健康地存在着。

正念能使你安然度过情绪风暴，并且在经历每一次的风暴后，更能体会与珍惜生命的美好。

Part 3

成就动机处方

症状 11

我工作成瘾了吗?

“你 3 岁以前几乎没看过我，因为我回家你已在睡觉，我出门上班你尚未起床。即使假日在家，因为平日太疲累，我都在呼呼大睡。你妈妈对着你指着我说：‘爸爸、爸爸。’结果你还以为‘爸爸’是‘睡觉’的意思。”

对孩子说出这段话的爸爸，在台大医院工作将近 30 年，始终一天工作 16 个小时。

你有类似感触吗？其实，你是勤奋工作，还是工作成瘾呢？工作成瘾的概念在学术界已经讨论了四十多年，然而概念未界定清楚，研究对象不具代表性，盛行率也不清楚。

2012 年，挪威卑尔根大学社会心理科学系的安德里森博士，以严谨的研究方式，针对 25 种产业、10000 多名员工进行工作状态调查，制作出“卑尔根工作成瘾量表”（Bergen Work Addiction Scale，BWAS），可以用来判断是否有工作成瘾的状况。2014 年，安德里森博士运用该量表，发现 8.3% 的人有工作成瘾状况，年纪越年轻，成瘾状况越严重。

其实，工作成瘾和工作勤奋有着本质上的不同，具备特定心理特征，和“行为成瘾”（赌博成瘾、网络游戏成瘾、购物狂），甚至“物质成瘾”（抽烟、喝酒、吸毒）有共通特质，并会影响身心健康。工作成瘾的特征包括：

- 突显性：工作成为生活唯一显著的特征，拼命挤出时间来工作。
- 耐受性：工作时间比预期还多，而且需要更多的工作投入，心理才会感到满足。
- 心情调节：工作被当作疏解焦虑、抑郁、罪恶感、无助感的方式。
- 复发：即使有心取得工作生活平衡，很快还是变成工作狂的状态，而且不听劝。
- 戒断：没办法工作时会出现强烈身心不适，压力反而更大，因此必须回去工作，就如同毒瘾发作时找毒品一样。
- 冲突：和生活其他部分有冲突，严重排挤了用于健康、休闲、爱好的时间，也制造了更多的家庭与人际冲突。

- 问题：因为工作反而招致身心健康问题，包括失眠、自主神经失调、心血管疾病、过劳死。

为什么你会工作成瘾？

安德里森博士发现，某些人格特质较容易发展出工作成瘾状态，包括：好相处（agreeable，有同情心并且温暖）、神经质（neuroticism，容易紧张或者多愁善感）、聪明／有想象力（intellect/imagination，有创造力的）。如果你有上述特质，就要特别注意了。

依我的临床经验，这些"英雄"式行为的背后，常是某种恐惧：

- 怕下班以后变成孤单一个人。
- 刻意要压抑或忘掉某个烦恼。
- 想要逃避婚姻里的冲突。
- 不想面对夹在公婆、父母间的矛盾。
- 不想看到叛逆的孩子。
- 认为休息代表偷懒。
- 认为不工作就是失败者。
- 认为自己没资格享受乐趣。

还有更深层的心理。

存在主义心理学大师欧文·亚隆（Irvin D. Yalom）发现，工作狂（workaholic）有种执念，强迫性地鞭策自己，无视人类的极限，生活对他而言，等于“成为某种人”或“做某种事”，没有成就某事的时间就不是“生活”，而是浪费，就像他眼中的其他人。这种个人信念的社会背景，正是强调“一个人完成什么事情”的“做事”（doing）文化，而非强调存在、过程的“生命”（being）文化。

俄国文豪列夫·托尔斯泰在《安娜·卡列尼娜》中，描写安娜的丈夫亚历山大是一个工作狂，坚信只要不断在部门里往上爬，就会有辉煌的生活与婚姻。结果，安娜离开了他，他的世界顿时崩溃——一生都是在官场中度过，做了一辈子的公务员，向来都是在跟生活的影子打交道，每一次，当他和生活本身正面相遇时，他便转身躲开。此时此刻他所体验到的感觉，就好像一个人正安稳地踩着一座桥跨过悬崖，忽然发现桥断了，而脚下是万丈深渊，这深渊正是生活本身，那桥就是亚历山大所过的虚假生活。

他所谓的“虚假生活”，指的竟然是努力工作！换个角度，我们的价值可能会完全翻转。

当你进入中年或老年阶段，生命的“极端情境”出现（外遇事件、离婚危机、父母辞世、自己得了心脏病、孩子得了抑郁症），会陷入巨大的“存在焦虑”当中，直接面对死亡、自由、孤独、无意义这四大课题，感到手足无措，这就是托尔斯泰所说的“万丈深渊”。

当你的双眼变得清晰，你顿悟青春年华无限地扔掷于工作中，是一种自我欺骗。究竟在欺骗自己什么呢?

- 在终将来找你的死亡面前，花了一辈子时间的工作，值得吗?
- 虽然你想怪别人，但终究都是自己选择的结果。人生是自由的，意味着你要自行承担选择的后果，你会后悔自己的选择吗?
- 再怎么多亲友簇拥、再多人阿谀奉承，你终究是孤独的，必须一个人面对生命无常。
- 你觉得，工作再怎么有意义，在历史的洪流当中，又算得了什么呢?从宇宙的角度来看，是不是无意义?

“如果真有一个巨人，他的身体与地球的比例是我们的身体与足球的比例，他坐在那里，看到围着他的身体不停旋转的地球，一会儿是和平，一会儿是战争，一会儿是盛宴，一会儿是饥馑，一会儿是干旱，一会儿是水灾……不知道他会产生什么想法——对不起先生，我又扯远了。”

——莫言《蛙》

有一位成功人士说："我自己从小就是所谓品学兼优的学生，也是班里的风云人物。从高中到大学当过六次班长，只有一次是选举的，其他五次都是同学鼓掌通过。但我一辈子似乎都是为了迎合别人的期望，而活得很辛苦；到了今天，总觉得好累，事情堆积如山永远做不完。"

这段话至少触及了自由与孤独这两个存在议题。若你出现工作成瘾的行为，提醒你，可以回头思考这些问题，并且做出改变。

疗愈处方　从存在心理学思考人生

处方1　探索自我与世界的极限

别再告诉自己："不工作，毋宁死。"就好像你来到这个美丽的世界，却坚持在家里比较舒服，不愿意离开家里，到各地游览，或搭飞机出去走走一样。

让我们来做个哲学思考：人生有多少种可能性？

目前世界上共有70亿人，有70亿种生活的方式，在生命当中，你在选择了眼前的这条路时，放弃了多少其他的可能？想想一个人的人生走法，至少有100种，同意吗？因此，在你人生的7000亿种可能中，你只选择了一种，而偏偏又只有工作是你的全部，那会是多么遗憾的人生。

想想，过去你曾经有哪些感动的体验？也许是攀登了一座山？听了一场纪念音乐会？某次自游行？一次冲浪或潜水经验？一次帮助别人的体验？

这些"高峰经验"让你印象深刻，甚至觉得在短短时间中，已经不虚此生。在生活中做这样的安排，你将能够获得幸福。

处方2 花心思经营友谊与爱情

你有多长的时间没去找老朋友、老同事，甚至老同学了呢？拿出一点勇气，主动联络对方，聊聊或者一起喝茶用餐。

为你的伴侣安排一场惊喜。爱情即使从天而降，疏于经营也将索然无味；善于经营感情的人，能让生活充满爱的滋润。

白理是一名35岁的半导体工程师，以当兵的精神在外地的科技公司打拼，只有周日回家。晚上，他还在工作，接到新婚妻子的电话，听到的都是不好的语气，他自己也懒得讲话，推说还要工作，而且没时间睡觉云云。

半年后，当妻子提出离婚，他才震惊自己在婚姻里花的时间太少！

他开始想办法调整工作方式，改成通勤上班，只为了每天能够见到妻子一面。在积极的弥补下，他安然度过了婚姻危机，并发现，有了妻子的支持，更有信心冲刺事业。

处方3 挪出时间给家庭与孩子

苔茗是一名45岁的资讯工程师，拼命三郎似的投入工作，每天都晚归，回到家累瘫了，很少说话，要不就是女儿闯祸、太太跟他吵架时，乘机反骂回去，宣泄内心情绪。

有一天，他撞见就读小学五年级的女儿和一名初中男生在街上接吻，回家告诉太太这件事，两人又都怪罪是对方害的，还“顺便”为了别的事情大吵一番。

苔茗惊觉事情不对，自己太少陪伴女儿，她缺少父爱，并受到他和太太长期婚姻不睦的影响，特别渴望结交男友，早点离家。

苔茗开始改变工作方式，每天 6 点下班回家，陪伴太太和女儿吃饭，并且到附近公园散步，回来之后继续处理未完成的工作。他果然挽回了家人的爱，心情变得快乐许多。

不管你如何地赶、如何地快，工作永远没有做完的一天。你可以考虑每天准时下班，回家和家人吃过饭，再以从容不迫的心情，在家完成当天的工作量。

你可以考虑提升工作效率，选择真正重要的工作项目，把琐碎的部分做取舍，或者分派给团队成员。

处方4 思索剩下的生命——撕纸条练习

把你手上的 A4 白纸裁成一个长纸条，长 8 厘米、宽 4 厘米。

台湾地区男女平均寿命约为 80 岁，每 1 厘米长就代表 10 岁，1 毫米代表 1 岁。在纸条上标上你的年纪，沿线撕掉前面的部分，因为已经逝去。

剩下的纸条，再撕掉 1/3，因为你有 1/3 的时间在睡觉。

试着回答下列三个问题：

- 还剩下多长呢?
- 当你看到这长度，心里有何感觉?
- 接下来的纸条上，你打算怎么安排?

(请写在上面)

处方5 思索一定会来临的死亡——死前会后悔的事

请你思考：自己不做哪五件事，死前就会后悔呢?

- ______________________________
- ______________________________
- ______________________________
- ______________________________
- ______________________________

你可以比较看看，澳大利亚护士邦妮·韦尔，在病房和许多临死的病人交谈，总结出来的人生最重要的五件事：

- 我希望当初没有花那么多精力在工作上。
- 我希望我当初有勇气过自己想过的人生，而不是人家想我过的人生。

- 我希望当初有勇气去表达自己的感觉。
- 我希望当初和我的朋友保持联络。
- 希望当初让自己过得快乐点。

每个人都厌恶死亡，但思考死亡，却是通往真实生命的捷径。看似基本，却是历史反复告诉我们的真相。

《论语·泰伯》说道，曾子病了，孟敬子去探望他，曾子说："鸟之将死，其鸣也哀；人之将死，其言也善。"

真期待你在人生此刻，就能够理解这五件事，并开始付诸行动。那么，你将会是最幸福的人！

症状 12

我好想离职！

“真的累死了，老子不干了！”你曾经这样想过。

“究竟要继续撑下去？还是结束这个工作？”冷静下来，你心里这样想。

其实，每个让你想到要继续做下去，还是毅然决然放弃的关卡，都是生命中伟大的片刻。

智国退休的第一天，心想：“还好，在10年前那次差点崩溃的危机里，我没有放弃这份公务员的工作，现在才能如期退休，每个月有几万块退休金可以领，每天睡到自然醒，醒来就去游山玩水。如果我愿意的话，还可以去做一份工作，领一份薪水。”

忠年退休的第一天，心想：“还好，在10年前那次差点崩溃的危机里，我放弃了那份公务员的工作，出来创业，开食品工厂，目前在越南、印度尼西亚共三间工厂，员工5000人，让我可以住豪宅，在台北市中心区拥有房屋土地十几处，这辈子和接下来十辈子可以说不用再烦恼钱的问题了。再过两年，我准备要交棒给3个儿子。”

究竟这离职或苦撑的决定，会将你带向何方？充满无数种可能性，却只有一种会成真。这里面有着利弊得失的思考空间。

在你回答这个“重大问题”之前，先看自己是否处于“职场疲劳”的状态。你可能感到无以名状的疲累，或者快要精神崩溃。离职可能会快速解除疲劳，却不见得是最有利的决定。在这种状况下，你的认知功能不佳，常会做出对自己不利的决定。因此，先解决自己的“职场疲劳”是很重要的。

“职场疲劳综合征”（Occupational Burnout Syndrome）指的是：无法成功适应职场慢性压力，造成过劳（overwork）、身心耗竭、人格解离、表现欠佳，出现下表中所列的情绪、行为、思考、生理反应。

根据国际知名的“哥本哈根疲劳量表”，“疲劳”的定义为“身体与心理的疲惫与耗竭状态”，分为“个人疲劳”“工作疲劳”“服务对象疲劳”。台湾地区学者郑雅文等人再加入“付出／回馈失衡工作压力模型”中的“工作过度投入”，编制为“中

职场疲劳综合征

反应种类	反应描述
情绪	焦虑、烦躁、紧张、容易生气、动辄发怒、难过、挫折感、情绪易激动、人际沟通出现障碍、退缩、抑郁、冷漠、与人隔离与疏远、讲话尖酸刻薄、不满意现状
行为	争执、责备、哭泣、不停踱步、酒精与药物滥用、生活作息混乱、饮食过量导致肥胖、出现危险行为或攻击行为、产生自杀意念
思考	记忆力变差、专注力不佳、失去方向感、思考速度缓慢、内心困惑、逻辑思考困难、丧失客观性
生理	血压升高、新陈代谢失调、胃痛、无食欲、视力或听力模糊、头痛、全身酸痛、疲劳、精神不济、眩晕、失眠

文版职场疲劳量表”，是职场主管和员工了解彼此疲劳状态的绝佳工具。

在台湾地区，医护人员正是高职场疲劳的人群之一。

根据台湾地区有关规定，员工每周工作不得超过 40 小时，但大医院里的医生，一个月值班 10 天左右，连续工作时数可达 36 小时，每周工作 80 小时以上，不少医生工作 120 小时以上。超长的工作时数、医疗决策的压力，加上医疗纠纷的威胁，自杀率最高的职业类别，正是医生！

根据林煜轩医生等人针对台湾地区实习医生的研究，医生有

中文版职场疲劳量表

过去一个礼拜当中，你是否有以下情形？

（评分标准：总是，4 分；常常，3 分；有时，2 分；不常，1 分；从未，0 分）

个人疲劳	☑ 你常觉得疲劳吗？ ☑ 你常觉得身体上体力透支（累到完全没有力气）吗？ ☑ 你常觉得情绪上心力交瘁（心情上非常累）吗？ ☑ 你常会觉得“我快要撑不下去了”吗？ ☑ 你常觉得虚弱，好像快要生病了吗？
工作疲劳	☑ 你的工作会令你情绪上心力交瘁（心情上非常累）吗？ ☑ 你的工作让你觉得有挫折感吗？ ☑ 工作一整天之后，你觉得筋疲力竭（累到完全没有力气）吗？ ☑ 上班前只要想到又要工作一整天，你就觉得没力气了吗？ ☑ 上班时你会觉得每一分钟都很难熬（时时刻刻都觉得累）吗？
工作过度投入	☑ 早上一起床，你就会开始想着工作的事吗？ ☑ 下班回家后，你还会想着工作的事吗？ ☑ 上床睡觉时，你还想着工作的事吗？ ☑ 你会为了工作，牺牲其他活动吗？ ☑ 你希望投入更多的时间精力在工作上吗？
服务对象疲劳	☑ 你会觉得和服务对象互动有困难吗？ ☑ 服务对象会让你感到很累吗？ ☑ 你会希望减少和服务对象接触的时间吗？ ☑ 你对服务对象感到厌烦吗？ ☑ 你会觉得你为服务对象付出比较多，而得到回馈比较少吗？ ☑ 你会想要赶快把服务对象打发走吗？

注 1：计分原则为，前三个向度皆为各自总分乘以 5，末一向度为乘以 25 除以 6。

注 2：根据 2007 年在台北市进行的大规模调查，个人疲劳指数平均得分：男 41.3 分，女 43.7 分；工作疲劳的平均得分：男 37.8 分，女 39.1 分；服务对象疲劳的平均得分：男 40.5 分，女 37.4 分；工作过度投入的平均得分：男 46.0 分，女 42.8 分。

注 3：“中文版职场疲劳量表”由台大健康政策与管理研究所郑雅文老师研发，为公共版。①

很高的嗜睡倾向，程度甚至是严重嗜睡疾病，如猝睡症、睡眠呼吸中止症才会出现的状况。在下午 5 时过后的夜间值班工作，就已出现显著嗜睡感受。

同时，伴有自主神经失调，值班时的夜间工作以及内科训练期间的夜间睡眠，交感神经受到抑制；内科值班隔天的晚上，副交感神经趋于活跃——这分别相当于吃下高剂量与低剂量的安眠药后自主神经的改变。

身心状态也出现异常，值班当天的焦虑、抑郁程度明显高于平时；经过 3 个月的内科训练后，呈现长期注意力较差、做决定冲动性较强的现象。

① 叶婉榆，郑雅文，陈美如，等．职场疲劳量表的编制与信效度分析［J］．台湾卫志，2008，27（5）：349-364.

《美国医学会杂志》(*JAMA*)在2004年曾报道，在四周“繁重的值班”(heavy call)后，医生的认知与行为表现，等同于血液中有0.05%的酒精浓度！此处“繁重的值班”定义为何？乃是一个月值4至6个班。

以上证据显示，在扭曲的医疗制度与生态下，医生们往往超时工作，对个人身心的影响，仿佛每日喝酒或吃安眠药，长期专注力、冲动控制既受损，又处于抑郁、焦虑状态，长此以往，势必影响民众的医疗照护品质。

当你的医生跟你讲话口气很不好，他可能就是在“酗酒或吃安眠药”的状态下，帮你的病情做判断与治疗。这对于病人是很危险的。

在其他群体中，职场疲劳也带来身心健康问题、企业产值下降，以及客户服务差等现象。无论你是员工还是老板，都应该正视职场疲劳的状况，提早改善，以免危及被服务对象，以及个人身心健康。改善员工的职业疲劳，对于企业是明显有利的。

有趣的是，职场疲劳也常以问题性网络使用，甚至网络成瘾表现出来。

林煜轩医生等人针对高科技职场员工的研究发现，21.4%的员工属于网络成瘾组，与非网络成瘾组相较，其焦虑、抑郁及职场疲劳分数皆较高，显示网络成瘾与职场疲劳、身心症状的相关性，雇主应关注职员的网络使用状况，以及负面身心状态，避免过劳，以促进职场健康与工作品质。

疗愈处方

克服职场疲劳综合征

处方1 保持健康的工作方式

一个马拉松选手起跑后，懂得养精蓄锐，维持在轻松的状态，能持久而得到最后的胜利；如果用短跑冲刺的精神，最后恐怕输得一塌糊涂。职场疲劳容易发生在后者身上。

请依照以下的“马拉松”原则，重新安排你的工作。

- 在工作日当中利用零碎时间，练习放松技巧。
- 重视同伴与亲友，来分担沮丧的情绪反应。
- 觉察自己是否处在饥饿（Hunger）、愤怒（Anger）、孤单（Loneliness）和疲倦（Tire）——HALT（停止）中，并做出自我照顾行动。
- 学习如何“将压力放一边”，能干净切换上班与下班的心境。
- 保持个人界限，把工作交代给接班者或同事，并懂得说“不”。
- 避免在同一工作时间内，处理太多事情。

处方2 争取应有的休假时间

千万不要冲动，急着做去留的决定。想办法让自己有充足的休息，请一段时间假，让身心休息足够、让情绪回复平静，再权衡利弊，思考抉择的问题。

文滨应聘上一家大医院的社工，协助性侵害、家庭暴力的受害者，并到这些爱害者家庭与施暴者对话，常要24小时待命，面对许多抉择的难题，还要冒生命危险。半年下来，身体疲劳不说，心理更是倦怠，想要辞职。刚好他申请到医院的学术会议补助，前往韩国首尔发表研究论文。

刚到首尔，又饿又累的他，通过迷宫似的地铁，前往明洞逛街，吃了极辣的刀削面，看到餐厅所有人和他一样都在擤鼻涕的奇观，因为太辣而把整罐冰水喝掉，觉得十分过瘾。当他有了体力，又走到世宗广场，参观世宗纪念馆，在景福门前观看民俗舞蹈表演。

当天色暗下来，他想吃点补的，就去找著名的土俗村参鸡汤，却找不到。准备要放弃时，一转角，就看到如深宅大院的土俗村。喝了参酒暖胃，吃了一点都不辣的辣泡菜，参鸡汤喝下去果然很温暖，吃到很撑的地步。本来走到快虚脱，吃完后全部活力都回来了，回程坐错地铁，绕了很长的一段路，回到饭店时，却是精力充沛。

这时的他，想到自己的工作，奇迹似的，觉得没那么沉重了。他告诉自己，好好休息、恢复体力、放松心情，重拾大学时代投身社会工作的热情，接受自己有时可能无法改变什么的事实，善尽自己作为社工的职责即可。

他决定继续留下来。

处方3 适度降低表现标准

要摆脱职场疲劳，常常需要做出取舍，甚至牺牲自己部分的业绩表现。你可以告诉自己："不为也，非不能也。"（语出《孟子·梁惠王上》）这可以是权宜之计，也可能是未来的新原则。你可以放慢追求名利的脚步，平衡职场工作与私人生活的比重，维持在可以长久的范围。

处方4 从文化相对的观点看职场

当你处在职场疲劳状态时，你可以告诉自己："这是职场文化的问题，不是我的问题。"

根据资料，2012 年台湾地区劳工平均工时达 2140.8 小时，但平均时薪只有 8.69 美元（约新台币 255 元），上班族沦为廉价"爆肝族"，甚至是爆了肝却一无所获的"穷忙族"。

反观堪称效率冠军的德国，平均每名德国劳工一天只要工作 5 个半小时，就能赚到台湾地区劳工 4 倍的薪水。在德国工作一年有近 30 天的假，公司很希望员工能放长假去充电；一天上班超过 8 小时，被认为是“可耻”的事，对自己、对老板都是一样。

有了文化相对的观点，你会把眼前的职场压力看得淡些，更清楚自己在公司中的处境，思考在职场文化中，采取合适的应对策略，在保护好身心健康的前提下，追求进一步的发展。

处方5 思考离职的可能性

离职，永远是个选项。离职不见得是一时冲动、逃避压力，更不是缴械投降，而是一种理性的选择。

上班族离职的原因，除了职业疲劳，还包括：对自己的工作表现没自信；工作中无法发挥个人自主性与特质；工作单调乏味，都是例行公事；公司规章僵化，员工缺乏做决定的权力；或者，找到其他有优势的工作。如下：

- 有更好的薪资报酬。
- 有较佳的生活品质。
- 有更好的升迁机会。
- 较佳的服务对象。
- 决定自己来创业。

你可以倾听内心的声音，拿出勇气做出选择，并且承担后果。当你对自己诚实，为自己负责，工作不论成败，皆能为你的人生加分。

廖先生原先在公司规划产品，卖命13年。一朝公司倒闭，原因竟是老板在玩金钱游戏，他感到非常失望。

早逝的父亲是装潢师傅，廖先生从小对木工就不陌生，家中仍封存着父亲的工具。有一天，他开始帮女儿做木工玩具，深深觉得这是让人生很有价值的事。之后，自己开办“硬汉工作室”，开班授课，将亲子互动的欢乐，带给更多的上班族。

女儿淇淇开心地说：“我的玩具，都是爸爸做的！”这就是廖先生心中最大的幸福。

处方6 思考退休的可能性

能够如期或提早退休，是值得恭喜的。好好养生，并让退休后有不同的色彩，生命得以变得更为完整。

在2013年，新闻界有名的神雕侠侣李涛、李艳秋，分别宣布离开《2100全民开讲》《新闻夜总会》多年的主持人职位。李艳秋坦言：

“离开最主要是身体出现太多警讯，加上长期服用安眠药与压力指数降不下来，不得不休息……长达20年，他（李涛）每天11点以后才下班，我们几乎没有好好一起吃过晚餐，每天被工作绑住，我的身体也需要休息，更想要有品质的生活……。我跟李涛都很感恩，至少不用为五斗米折腰，但会不会再做其他新闻节目，我不能完全排除，也不觉得人生有没有什么可能与不可能。”

退休后，她最想做的事是学弹古筝。

症状 13

想到工作，我就觉得好倦怠

一家生物科技公司的王总裁，以拼命三郎的个性著称，每天只睡四到五个小时，常常在半夜或凌晨发邮件给员工。有一天，一名董事关心他，说："王总裁，我看你这么拼，可要注意身体别生病啊！"

王总裁说："我是觉得很累，常腰酸背痛，又睡不饱，但我哪有时间生病呢？"

在医学上，有一种"慢性疲劳综合征"（Chronic Fatigue Syndrome），或称"神经衰弱"（neurathenia），指的是持续且无法恢复的疲倦感，影响生活与工作，甚至造成失能，却找不到确切的生理、心理病因。

除了以上症状，临床上也常见肠躁症、抑郁、焦虑、情绪不稳、美国疾病控制与预防中心（Centers for Disease Control and Prevention，CDC）定义“慢性疲劳综合征”为：

A. 过去整整 6 个月，严重而无法解释的疲劳：

☑ 新发生或有明确的开始

☑ 并非因为持续劳动的关系

☑ 无法借由休息恢复

☑ 造成功能损害

B. 出现以下四项或更多的新症状：

☑ 记忆力或专注力变差

☑ 喉咙痛

☑ 淋巴结疼痛

☑ 肌肉疼痛

☑ 好几个关节疼痛

☑ 不同的头痛方式

☑ 睡不饱

☑ 运动后疲劳超过 24 小时

恐慌发作等。

“慢性疲劳综合征”在人口中的盛行率约 2.8%，多发于 20—40 岁。通常会明显影响工作能力，有一半的人无法工作，能够痊愈的只有 5%。

病因仍不清楚，通常患者的生理代谢机制受到干扰，包括氨基酸、核苷酸、元素氮、激素等，身体的氧化压力（oxidative stress）变大，而细胞内负责能量生成的线粒体怠工了。少部分可能和病毒感染有关。

“慢性疲劳综合征”和敏感群体承受过大身心压力有关，此群体有着特定的心理状态，包含：

- 不恰当的症状归因：坚持身体有病，才会有这些症状。
- 对于身体运作的过度觉察：整天哀叹身体不适，什么事都不做。
- 认知谬误：认为身体不适，人生就完了，有“灾难化”的非理性思考。
- 完美主义形态的人格：借身体症状逃避压力，无法接受自己表现不理想。

哈佛大学人类学教授及精神科医生阿瑟·凯博文在《谈病说痛》中提到，26岁的伊丽莎在曼哈顿的餐厅当服务生，总是感觉身体疲累、疼痛、沉重，每天都要费力地把自己从家里拖到工作的地方，心里觉得可怕、孤独、无望。

她为自己的生病与落后感到羞耻，自责浪费时间，觉得要再花5年的时间，才有办法恢复健康。

原来，她由祖母抚养长大，祖母什么都帮她做好，当她要一个人面对现实、感受生存压力时，总觉得有挫折感，怀疑自己的能力。

调适心理，参与生活，是疗愈的不二法门。

就像德国哲学家尼采所说：“我从普鲁塔克的著作中得知，凯撒大帝使用哪些方法对抗不适之症与头痛：劳顿的长途行军、简朴的生活、长期露天而居……”

疗愈处方

改善慢性疲劳综合征

处方1 调整压力来源

虽然我们认为自己“意志”坚强，再大的压力也可以应付，然而，我们的“肉身”却不是这么坚强的。外在压力的调整，也是需要的。

叔醒是一位杰出的神经内科医生，在医院担任主治医生已经有8年，视病犹亲，忍辱负重，之后晋升神经内科主任职位。然而，行政、评鉴、临床、教学、值班等业务十分繁重，一个月只能和家人相处两天，休息之后仍旧疲倦、总是睡不饱、记忆力变差、全身肌肉疼痛。

40岁那年，他宣布离职，同事都非常讶异，因为大家认为他有大好前途，且退休后，有人人称羡的退休福利，甚至还能够有“第二春”，领让年轻人既羡慕又嫉妒的“两份薪水”。

他向同事解释：“我离职，是因为我怕我活不到退休的年纪！”

离职后的他，转职到一家生物技术公司，研发穿戴式健康装置，搭上最新一波医疗革命，公司因为他的功劳而赚到不少钱，他遂能提早在 45 岁退休。昔日同事知道以后，恭喜他：

“你真的活到退休的年纪了！”

处方2 改善失眠问题

挪威学者卡勒斯德（Kallestad）等人研究发现，若改善“慢性疲劳综合征”患者的失眠问题，疲劳便能有效改善，此改善是独立于身体疼痛、焦虑、抑郁的改善之外的。失眠改善的患者，其压力激素可的松也可以更快地恢复正常。

失眠可能是“慢性疲劳综合征”的维持因素，若能寻求专业医疗积极改善睡眠，能让治疗反应更好。

处方3 渐进式运动治疗

每天记录活动量、热量消耗，即使在病状最糟的那一天，仍要运动，直到能够忍受的最大活动量。

你可以保持前一天的纪录，但不能减少活动量。可以的话，逐日增加活动量。

研究还证实，“慢性疲劳综合征”患者白天增加活动量，有助于夜间睡眠。

处方4　认知行为治疗

认知行为治疗应用“慢性疲劳综合征”，内容包含：

- 改变当事者对疲劳的不适当想法。
- 增进面对、控制疲劳的自助技巧。
- 增强当事者的自我效能感。
- 减少对身体症状的关注。
- 逐步增加活动量。
- 强化生理功能。
- 提供人际心理支持。

接受治疗的患者，疲劳和疼痛感都改善了。

处方5　瑜伽训练

如果患者接受了正规治疗，却没有半点改善怎么办？

日本九州大学的一项研究中，30位难治型的“慢性疲劳综合征”患者被随机分为两组，一组维持正规治疗，一组为正规治疗外加瑜伽训练。结果发现，接受瑜伽训练者，在20分钟的瑜伽后，就有明显的疲劳与疼痛改善，长期下来，疲劳分数大幅降低。这证实了瑜伽训练对于难治型的“慢性疲劳综合征”有很好的辅助疗效。

处方6 自然疗法

深受“慢性疲劳综合征”所苦、寻求医疗却没改善的患者，根本的病因可能出在慢性食物过敏上，可说是“病从口入”。

若患者清楚地知道自己的慢性食物过敏原，譬如小麦、面包、酵母、牛肉、花椰菜，甚至中药如当归、莲子等，并且知道是属于严重、中度还是轻度过敏时，就能在每天的饮食中细心地回避它们，让各器官、组织、神经细胞都不再陷入发炎风暴；同时，搭配提升线粒体功能、抗氧化、抗发炎的营养疗法，“慢性疲劳综合征”是能够改善的。

症状 14

我就是不想工作

早上 7 点，闹钟响了。

妈妈："小明，快起床！上学要迟到了。"

小明："妈，我不要上学。"

妈妈："你说的什么话。"

小明："我不想上学，学校老师不喜欢我，小朋友讨厌我，连警卫伯伯也不理我。"

妈妈："你这孩子，快起床啦！都 45 岁当校长的人……"

以前，求学与工作都是窄门，人们抱怨"行路难"。现在，发展机会多元，许多人却失去了工作动机。工作没多久，碰到老板刁难或者领导责骂，就不辞而别，直接回家当"啃老族"，吃父母、用父母的，说："我就是不想工作。"

近年东亚国家和地区开始出现这类“隐蔽青年”（hikikomori）的社会现象，日本文部省在2003年定义“隐蔽青年”为：“把自己隔离在房屋之中，不能或不想通过上学或工作与社会互动，持续至少6个月的人。”

20世纪90年代早期，日本心理学家斋藤环（Tamaki Saito）注意到此现象，青少年从15岁就开始在家中“蛰居”，和朋友、父母断绝联系，怕见到人。不过，这并不是懒惰，斋藤环说，他们“心灵备受折磨，希望能走出去，交朋友、找恋人，但却做不到”。

日本“御宅族”（Otaku）一语，原指对于某种次文化有高度热忱者，也许是科技迷、铁道迷，是一个中性的词汇，但逐渐指称整天躲在家里、对“动画/漫画/电玩游戏”（ACG）狂热、对其他事物完全没兴趣、不愿意接触现实社会的年轻群体，在台湾地区的用语是“宅男”“宅女”。

根据日本厚生劳动省统计，日本“隐蔽青年”有70万，平均为32岁，男性占70%—80%。一般出现在中产阶级。在韩国、意大利以及中国台湾、香港等国家和地区，也有此现象。

香港地区一名“隐蔽青年”躲在家中长达9年，后来下定决心走出房门、进入社会，岂料上班仅一天，便因未能适应而烧炭自杀。

隐蔽的导火线，可能是学业压力、学校霸凌、恋爱失利或亲子冲突。然而，隐蔽久了，隐蔽本身也成为一种压力，导致当事者与社会现实更脱节，形成更大的压力。

形成“隐蔽青年”的真正原因如下：

一、依赖父母

相对于欧美，东亚的父母在物质上、心理上的保护时间更长，超越了成年期，变成“过度保护”。年轻女性出嫁才离开家庭，而年轻男性一辈子都不用离开家庭。既然不虞匮乏，自然维持高度的个人主义，没有责任感，无须出门找工作，在家里专心“避难”。同时，“依赖”和“控制”也是一体两面，父母极力控制孩子的人生发展、要求特定成就，导致孩子无法跨出第一步。

二、职场压力

“过劳死”现象反映了职场生涯的真实面与残酷面，年轻人宁可过着放任轻松的生活，也不愿意再承受工作压力，当“穷忙族”。香港地区学者陈康怡与卢铁荣指出，年轻人丧失掌握自我生活与工作的权利，陷入“去权”（disempowerment）状态，通过隐蔽方式自绝于社会。然而，他们在网络等媒介中取得“有权”（empowerment）状态，尝试找回自己失去的权利。

三、好面子文化

东亚社会对男性期待高，男性又好面子，更加害怕失败。而蛰居越久，心理感受越差、越自卑，越是借由ACG来解除负面情绪，逃避所遇到的问题。当事者惯于压抑自我的真实感受，选择不向家人或朋友表达。当孩子好面子时，父母可能更好面子。在这种状况下，父母亲也常常因为爱面子，不愿带孩子找心理专家咨询，延误了孩子的心理危机处理。

四、经济衰退

英国学者安迪·弗隆认为，此社会现象导因于20世纪80年代泡沫经济破灭，90年代陷入全球性经济衰退，传统铁饭碗、固定工资一族，逐渐变为派遣工作者，形成“尼特族”（NEET，Not in Employment，Education or Training），意指不就业、不进修、不参加职业训练的青年人群。

五、经济弱势

父母亲在现实经济中产生“耻辱感”，也转嫁到孩子身上。孩子面对更为严酷的经济环境，索性就在家里的保护伞下过一天算一天。

需要注意的是，呈现“隐蔽青年”状态，也可能是合并思觉失调症、社交畏惧症、抑郁，或者网络游戏成瘾，需要进一步的医疗协助。

疗愈处方　冲动一点，现在就开始改变

“隐蔽青年”的协助原则，不是坐视不管，更不是谩骂教训，而是对当事者持续保持同理心，耐心提供人际支持。有朝一日，“隐蔽青年”会走回阳光下。

如果你有“隐蔽”倾向，可以试试以下处方。

处方1　多一点冲动

许多人“太冲动”，也有许多人“不够冲动”。

苹果公司创办人乔布斯，在2005年斯坦福大学毕业典礼上，进行了历史性的演讲，他说道：

“我在里德学院念了6个月就办休学，休学18个月之后退学，我看不出念大学的价值到底在哪里。休学后，再也不上无趣的必修课，直接听我喜欢的课。我没有宿舍，得睡在朋友家的地板上，靠回收可乐瓶罐的5先令填饱肚子，到了星期天晚上走3500米远的路，绕去印度教的神庙吃顿大餐……

“过去33年，每天早上我都会揽镜自问：‘如果今天是我人生

的最后一天，那我要做些什么？'

"生命短暂，不要浪费时间活在别人的阴影里；不要被教条所惑，盲从教条等于活在别人的思考中；不要让他人的噪音压过自己的心声。最重要的，有勇气跟着自己的内心与直觉。求知若渴，虚心若愚（stay hungry，stay foolish）。"

放下面子，事情也可以很简单。就在束手束脚的现实当中，开始做一件冲动的事吧！

处方2 做出小小改变

在医学上，有一种病真的很难"迈出第一步"，就是"帕金森综合征"。

患者的中脑黑质多巴胺细胞变性死亡，症程一开始，患者走路变慢、转弯困难，接着行动出现明显困难，很难迈出步伐，最后呼吸衰竭。著名音乐家李泰祥便是受此病所苦。

许多人有着心理上的"帕金森综合征"，很难"迈出第一步"。其实你没病，不要太瞻前顾后，担心第一步踩得不漂亮。迈出第一步，就对了。

若要一步到位，将永远无法达成。只有迈出第一步，才知道第二步在哪里；只有到了第一百步的时候，才知道自己的目标，原来就在那里。

处方3 就是要跟别人不一样

受到网络与流行文化的影响，不少人产生一种心理，就是害怕自己跟别人不一样，特别容易感受来自同事的压力，人云亦云，觉得要和别人做一样的事情（像是玩一样的游戏），否则就太逊了，落伍了，面子挂不住。

其实，选择冷门领域，特意跟人家不一样，才是制胜之道。

目前台湾地区医学界皮肤科当红，即使念到医学系第一名毕业，都不见得挤得进这个领域。然而，在30年前，皮肤科是最著名的“冷门科”。现在牙医身价一飞冲天，也是没人料到。因此，当时选择这些领域发展的前辈，可说是相当“有远见”。

这样的例子还包括：

台大机械系毕业的田长霖，赴美之后，他的同学都投入最热门的航空科技，只有他认为航空领域竞争者太多，难以出头，故而逆向操作，选择冷门的“热辐射”领域。

日后，能源科学与电子科学兴起，田长霖的热辐射专长备受重用，成了加州大学伯克利分校第七任校长，为华人担任美国名校校长的第一人。

他说：“人生不怕看走眼，而是要找看对眼的路，眼光多看10年，预想未来趋势，不要追随当红，然后，就坚定地走下去。”

赖明诏赴美发展时，台湾地区的科学家都在做艾滋病研究。他却选择了一个超冷门的“冠状病毒”来研究。

没想到2002年开始，SARS暴发，病原就是冠状病毒，赖明诏的研究大受倚重，他也被誉为“冠状病毒之父”。

只要你愿意动起来，不怕失败，当下就是最好的起点。

处方4 安排多元生活

即使在待业状态，也帮自己的生活做丰富的安排。只要你热爱生活，每一件事都有可能为日后的发展打下无可取代的基础。

“在一处风景里，充分感受到一株小草之美，带来的喜悦可以跟一棵树，甚至一座山一样多。”

“我像是一个理解力迟钝的孩子一般，爱慕这片风景。”

“我并不认为一座高山的价值，一定就胜过一只蚂蚁。”

以上这几句话，是西班牙大画家米罗（Joan Miró，1893—1983）所说的。

他热爱生命，热爱世界，甚至把这份对生活的热爱，当成了工作，85岁时，仍创作不辍。他说：“我早晨工作。我下午工作。当我不工作时，想的也是工作，即使在睡觉时，我继续在潜意识里想着工作。”

他的工作室门口，挂了一面牌子：“这辆火车中途不靠站。”

米罗 14 岁时，进入美术学校；17 岁时，工匠父亲坚持送他去巴塞罗那读商业学校，学会计。

米罗根本不想从商，他回忆：“当时我放任自己胡思乱想，心中愤愤不平。”

隔年他得了伤寒，精神抑郁，回乡调养。他向父亲分享晚霞带来的感动时，被父亲嘲笑。他开始反抗，严正说明自己对绘画的热爱。最终，父亲决定让步。

米罗开始“振翅飞翔”后，陆续吸收野兽派、写实主义、立体派及达达主义的影响，绘画风格经历一连串的尝试与蜕变，才终于找到自己的专属语言。

他不断画着女人、小鸟和星星，大胆舍去细节，以鲜艳饱和的色彩、粗犷的笔触、一气呵成的笔法，将各种形体展现在画面上。

他说：“我尝试运用色彩，就像以字词作诗，以音符谱曲。”

症状 15

不管了，我一辈子只想玩游戏

瑜添在高中时，不太爱念书，但在父母的“鞭策”下，终于考上大学。

他住到男生宿舍里，很少去上课，整天躲在电脑前面玩大型网络游戏，不洗澡、不梳洗，头发留得很长，地上都是垃圾，还有好几群苍蝇在飞，连室友都受不了他的恶臭。大二下学期他被退学，搬回家里，继续玩游戏。当他因为网络断线，没办法玩的时候，脾气会变得相当暴躁。身为家庭主妇的母亲很照顾他，三餐推餐车进去，一小时以后，又推餐车把空碗盘拿出来，还帮他打扫，就像个饭店服务员。然而，瑜添动辄咒骂妈妈，说她一直管东管西，对着她摔东西泄愤。

一次妈妈骂他：“你不念书，就给我出去找工作！”

他呆住了，勉强去便利商店做了一个礼拜。但很快他就被解雇，原因是，对顾客没有礼貌，又被投诉。他回到房间，继续玩网络游戏。父母不想再管他。

就这样，又过了 10 年。

根据美国精神医学会出版的《精神疾病诊断准则手册（第五版）》（*DSM-5*），定义“网络游戏疾患”（Internet Gaming Disorder）的研究诊断准则为，持续且反复地投入网络游戏，通常和其他玩家一起，导致临床上显著的损害或痛苦，在过去 12 个月内出现下列五项或以上标准：

☑ 网络游戏占据了生活大部分心思或时间。

☑ 当停止或减少网络游戏时，出现戒断症状。

☑ 耐受性：需要花更多时间在网络游戏上。

☑ 反复努力想要控制玩网络游戏，却徒劳无功。

☑ 除了网络游戏，对先前的嗜好与休闲都丧失兴趣。

☑ 即使知道在心理、社会功能上出现问题，仍然继续玩。

☑ 对家人、治疗医生或他人欺瞒自己玩网络游戏的情况。

☑ 通过网络游戏来逃避或疏解负面的情绪。

☑ 因为网络游戏而危及或丧失重要的人际关系、职业、教育或工作机会。

“台湾网络成瘾防治学会”柯慧贞理事长针对小学四年级至高中职校三年级的8910位学生进行网络成瘾问卷调查，发现网络游戏成瘾的高风险人群与重风险人群，在小学占比为12.1%，初中为19.0%，高中职校为15.9%。林煜轩医生等人针对高科技公司基层员工的研究发现，21.4%的员工网络成瘾。台大医院新竹分院的陈颂威医生，针对新竹科学园区的工程师进行研究，发现18%的人可能网络成瘾。

网络成瘾在台湾地区的高盛行率，带来个人身心健康危害、工作效率与表现变差，甚至严重脱离社会等负面现象，是重要的公共卫生与精神健康问题。

网络成瘾的精神病理，属于“行为成瘾”，当事者通过某些网络媒介，如网络游戏、社交软件，持续强烈而不适当地刺激脑中的报酬回路，导致回路功能失调，产生和赌博成瘾、物质成瘾类似的行为。

从上述案例中，你可以看到网络成瘾者的一些特征：

- 在青少年时期，未积极探索自我认同，包括：自己的优势在哪儿？自己想成为怎样的人？想选择怎样的未来？
- 在学校课业中受挫，采取逃避的做法，丧失了成就感的重要来源。
- 在职场生活中受挫，同样马上逃避，没有机会学习如何从跌倒的地方重新站起来。

- 案主的生活完全脱离现实，和真实世界没有交集。
- 父母放弃再“管”他的同时，也放弃了和他的正向亲子互动。
- 父母亲采取了“过度保护”的做法，案主没有机会承担行为的后果。

案主虽已是个成年人，却没有发展出“责任感”，自己行为的后果，不是由自己来承担，而是完全由家人承担。他的游戏世界完全“免费”而且“吃到饱”，所有网络费、电费、游戏点数、三餐费用、房租等时下年轻人沉重的经济负担，都免了。他反而像个已经得道的法师，受到家人完全的“供养”。自然而然地，他沉溺于电玩世界，不会想要改变。

网络成瘾现象的背景，是一个自恋的时代。

美国圣地亚哥大学心理系教授珍·特文格指出，现代孩子的教养过程中，父母强调孩子的与众不同，让孩子自我膨胀，养成自私自利、对别人毫无兴趣、没有同理心、眼高手低的个性，导致无法接受批评与挫折。

在过去所谓“优等生”当中，其实已经出现此现象。他们心态是过度自恋的，遇到现实的挫折时，无法忍受自己“竟然”会有弱点，只想到逃避他人的眼光，退回婴儿时期的原始自恋（primary narcissism）与全能幻想（omnipotent fantasy）中。

网络游戏的世界，正是一个完美的解答。

世界各国普遍有将退休年纪延迟至 65 岁以后的趋势。在这个时代，一个人若想要在 40 岁之前就能够过完全不用工作的“退休游戏生活”，会是多么困难的事！其实，这需要比其他人努力十倍才可能行。

在为网络成瘾者进行心理治疗的过程中，我领悟到：不是“虚拟”世界太“真实”，而是“真实”世界变得太“虚拟”。

唐代禅宗高僧百丈怀海禅师“一日不作，一日不食”的精神，显得极具远见。

《五灯会元》卷三曰：

师凡作务执劳，必先于众，主者不忍，密收作具，而请息之。

师曰：“吾无德，争合劳于人？”

既遍求作具不获，而亦忘餐。

故有“一日不作，一日不食”之语流播寰宇矣！

徒弟们故意把耕种器具收起来，不让禅师太劳累。禅师找不到工具时，认为自己不配吃饭，也真的不吃饭了。因此，引导网络成瘾者学会像百丈怀海禅师，为自己的生活负起责任，是突破困局的关键。

工作，成了最好的治疗。

疗愈处方 运用自我催眠技巧

通过艾瑞克森学派的催眠技巧，可以帮助网络成瘾者真诚面对自我，激发面对现实的勇气，以及追求梦想的动力。

处方1 聆听来自内心深处的声音

大画家毕加索是如何成就伟大的呢？他曾说："我梦到我的画，我画下我的梦。"

我们努力让自己的意识服从家庭与社会的要求，借以得到肯定。得不到时，就逃离到虚拟世界中。其实，学会聆听内心深处的声音，你可以把人生这场真正的游戏玩得更起劲。

每一个人都是独特的。你的意识是有限的，潜意识更为广大。你有着你不知道的能力。催眠大师米尔顿·艾瑞克森医生说："意识很聪明，但潜意识更有智慧。你为什么不让你的潜意识来为你工作呢？"

聆听你的潜意识，就像大心理学家荣格所说的："我的一生，就是潜意识的实现。"

处方2 持续从故事／隐喻中成长

催眠大师米尔顿·艾瑞克森医生，有先天的学习障碍、色盲、听觉障碍，在17岁的时候还得过小儿麻痹症，全身瘫痪。

他一寸一寸地练习如何移动肌肉，最后竟能站起来，并且走路。他打工赚钱，让自己能进入威斯康星大学就读。大学一年级的时候，还利用暑假时间，进行一个人的独木舟之旅，旅行1900千米，沿途随机找食物吃。

他发现“重新学习”（re–learn）走路的过程，就好像婴儿对自己与世界感到新奇的过程。因此，他对人的肢体语言与声音线索，非常非常敏感。他可以分辨出好的钢琴师，并不是依照他弹出的琴声，而是依照他触碰琴键的方式来判断，因为对于肌肉运动他太熟悉了，他花了10年“重新学习”如何走路。

他认为小儿麻痹症是他最好的导师。生命一再给他无情的打击，于是，他成为一位与弗洛伊德并驾齐驱的精神医学大师。

试着以轻松的心情，阅读他人的传记，也许有名，也许没名，都没有关系，或者任何一则新闻报道。

陈俊翰罹患肌肉萎缩症，出生后全身瘫痪，医生认定他只能活三四年，但他打败病魔长大成人，以优异成绩拿到台湾大学法律、会计双学位。

他赴美之后，进入哈佛大学攻读法律硕士，还取得美国纽约州律师执照，获得第 12 届“罕见疾病奖助学金”。

随着故事的开展，你内心深处激起什么感觉？

处方3 充分利用

我有一个漂亮的小蛋糕盒子，当时吃完了蛋糕舍不得丢，放在柜子里又嫌占地方。那阵子，街边发的小包面纸太多，东扔一包，西扔一包，很乱。我灵机一动，把它们都放进这个蛋糕盒子里，它马上成为精美的面纸盒，让人会想用，去卖场买的面纸反而显得单调了。

有一次，我逛百货公司，看到一个专柜陈列着首饰盒，上面是优美的古典图样，售价 1000 元。一问，原来是用蛋糕盒子做的，创作者看到房屋广告上的古典图样太美丽，舍不得丢，就细心取下，用特殊溶液泡过，仔细地贴在蛋糕盒子上，转眼间，它就成了世界上独一无二的“精品”。

这门伟大的利用艺术，就叫作“蝶古巴特”（Decoupage），源于法文动词，意思是：将美丽图形剪裁，拼贴在家饰物品或家具上的装饰艺术。这就是“充分利用”（utilization）。

你想过如何“充分利用”自己吗？

在知名作家王小波的《革命时期的爱情》小说中，主人公自述：

“我还自以为辨色力比所有的人都好。以一棵胡萝卜为例，别人告诉我说，看起来是一个橘红色的疙瘩，但是我看就不是这样。它是半透明的，外表罩了一层淡紫色的光，里面有一层淡淡的黄色。再往里，直抵胡萝卜心，全是冷冷的蓝色。照我看这很对头，胡萝卜是冷的嘛。这样画出的胡萝卜，说它是什么的全有。有人说印象派，有人说毕加索的蓝色时期，还有人说是资产阶级的颓废主义，就是没人说它是胡萝卜。七七年我去考美院，老师们也是这样议论纷纷。假如我故作高深状，坐在一边一声不吭，大概就考上了。倒霉就倒在我去对他们说，胡萝卜在我眼睛里就是这样的。后来不知哪位天才出主意叫我去医院查眼睛。查完了回来，那些老师就笑得打滚，把我撵了出去。其实不过是眼科的辨色图卡有几张我没认出来。我也能画出一套图卡，叫谁都认不出来。”

原来，他有色盲，差点成为天才画家。

接纳你天生的特质，即使和别人不同，即使被描述为“缺陷”。“充分利用”自己的“缺陷”吧！

几十年前，有一位企业家因为严重亏损，引发抑郁症住院，整天哭泣，手不停地在胸前来回摆动。催眠大师艾瑞克森医生看到了，跟他说："你在经历'浮沉'啊！"

艾瑞克森把他的手从前后摆动，调整为上下摆动。

接着，艾瑞克森说："双手各拿一张砂纸，牢牢抓紧一块竖直的粗糙木板，这样就可以用砂纸擦亮这根木头了！"

结果这位企业家不哭了，双手开始"上下摆动"，木头不仅被擦亮了，还被雕刻成西洋棋出售。他的病情快速好转。出院后，第一年就靠着房地产赚了一万美元。

即使是抑郁症，也可以"充分利用"。

接下来，请你双手各拿一张砂纸，就从手上的生命开始打磨；请你认真打怪，把你的游戏绝学"充分利用"在真实人生中吧！

Part 4

同事互动处方

症状 16

跟那个同事一起，我就头痛

你纳闷了一辈子：为什么总会碰到讨人厌的同事呢？

也许，你想过要调单位，甚至为此辞职。就算调单位过了不久，你又开始抱怨起一样的事情。

佛家经典《涅槃经》说道："八相为苦，所谓生苦，老苦，病苦，死苦，爱别离苦，怨憎会苦，求不得苦，五盛阴苦。"

"怨憎会"是一种无常，也可说是无常之常。不管在哪里，总是会遇到难相处的同事。说实在的，就算退休，也会遇到难相处的邻居、亲友或者旅伴。

所谓难相处，通常是这位同事以自我为中心（"你们都得听我的"）、自私自利（好的整碗捧去、坏的推得一干二净，或直接往别人头上倒）、不在乎别人的感受、忌妒别人的好（"你算哪根葱，我才厉害"），甚至主动刁难、嘲笑、攻击别人。这种人很会耍心机，逮到机会就要让同事当众出丑。

一言以蔽之，这个人心眼很不好。人类有历史以来，从来就不缺乏这样的人。

志国说：“老丁去年3月离职，真可惜。他在公司的时候，创造千万业绩，能力真的很不错啊！”

致梁说：“这算什么，要是我认真起来，业绩可是他的5倍啊！我只是懒得认真。他这样还好吧。”

志国说：“老丁不是说要创业，开公司自己当老板，代理瑞典高级喇叭吗？”

致梁说：“听说现在都三折卖呢！哈，就算跳楼大拍卖，还是没人上门。”

志国说：“平心而论，老丁待我不薄，离职以后，让我接他的位置，业绩有200%的增长，我自己也吓一跳。”

致梁说：“你把太太、小孩都送去加拿大，一个人在这里拼，当然会有点业绩啊！”

讨人厌或难相处，表示当事者有特殊的“人格特质”，甚至到达“人格障碍症”的程度。

当一个人总是夸大自己的表现、沉溺在幻想的优越中、一直要你夸赞他、动辄贬低或忌妒他人、傲慢自大、要求特权并且自私自利、对人没有同理心、喜欢玩弄和剥削别人，他可能有自恋型人格（Narcissistic Personality），自以为聪明，却弄巧成拙，导致职场表现与人际关系受损。

自恋就是过度的自我欣赏。人本心理学大师·罗杰斯认为这是有害的，他说："自恋是自我成长的大敌，不懂自我反省的人会变成自恋。"

自恋的英文 Narcissism，来自希腊神话中的纳西素斯（Narcissus）：

纳西素斯是一个美少男，想要找寻美女。仙女厄科（Echo）是个美女，很迷恋他，甚至纳西素斯讲什么，她就说一遍（"回声"英文 Echo 是这样来的），似乎是依赖型人格，过度顺从、黏人。但纳西素斯拒绝了她，厄科就消失了。有一天，纳西素斯在河水中看到自己的倒影，"惊为天人"，竟然爱上了自己！最终，他难忍相思，跃入水中，溺水而亡，众神出于同情，让他的灵魂化为水仙花（英文 narcissus 是这样来的）。

纳西索斯被自恋的无形监牢给囚禁了，无法和人产生联结，伤害了别人，也导致自己的悲剧。其实，自恋者和其他人没有两样，只是一厢情愿，认为自己比别人优越。

自恋型人格者有两种类型：

- 不稳定型。觉得环境充满威胁、动辄发怒生气、害怕别人认出自己是唬人的老千。
- 稳定型。认为其他人只是取悦自己的物体。

一个人是怎样变成自恋型人格的？

有两种原因：

其一，父母早年给予的关爱不足。

造成孩童时期情感脆弱，容易因表现不佳而有“自恋性伤害”（narcissistic injury），为了弥补，就以自大的自我来满足照顾者。或者，在手足竞争中，成为较少被肯定的一方，努力争宠。就像一个失去自我的人，饥渴地寻找大量的肯定。

其二，父母对于孩童的过度重视。

在骄纵宠爱的环境下养大，父母过度夸张了孩童的自我意识，孩童的内在自我形象不断地被增强（reinforced）。因此，外在现实更容易让他失望，产生愤怒与扭曲的自我形象。

自体心理学家科胡特认为，适度的自恋是必需的，自恋不足将产生抑郁症状。然而，自恋型人格者过度地将他人当成自体客体（self-object），通过“镜映移情”（在对方的肯定中看到自己的好）与“理想化移情”（把对方理想化而提升了自我价值），反射出他的完美，满足其病态自恋的心理需求，而不是把他人当成独立个体看待。

自恋，已经从个人层次的特殊心理，变为我们的时代精神（Zeitgeist）。

根据琼·特文格和基斯·坎贝尔创作的《自恋时代》（*The Narcissism Epidemic*）一书，过去父母会告诉孩子："你以为你是谁？晚餐有什么就吃什么。"

现在是问孩子："晚餐想吃什么，我的小公主？"

在这样的教养背景下，近期美国大学生有1/4呈现自恋倾向，二十几岁的美国人当中，有9.4%出现自恋型人格障碍症，26%的人会在65岁之前，出现到达临床诊断标准的自恋型人格障碍症。

因此，在职场中遇见自恋型人格者会是家常便饭。

或许，就是你自己？

疗愈处方　与自恋型人格者相处的技巧

处方1　尽早辨认出自恋型人格者

与其有一天你真的受到欺负，受到心理的或身体的伤害，甚至考虑离职，倒不如及早辨认出对方。

犯一次错误就好，不要一再被利用。在自恋型人格者前，勿当烂好人。谨记：保护自己，让自己为他做的事，对自己也有价值。因为当你失去利用价值，对方会很快地把你给丢弃，到时你抱怨被利用，也无济于事。

国诚调到营运处时，汪经理非常开心，因为国诚积极、能干，是这家公司的生力军。汪经理主动邀请他，让他加入好几个快结案的计划中，等于是送他业绩当礼物。在这家单位里，一个“素人”就能有这么好的业绩，几乎是不可能的事。

果然，国诚很快地得到总经理的赏识，成为公司中最快升经理的人。

国诚升了经理之后，主动向总经理提了许多年度计划。国诚故意探问汪经理的年度计划，但没有和汪经理分享自己的计划。他当众拍总经理马屁，让总经理挂名在自己的其他计划中。有一次，总经理抱怨汪经理时，国诚乘机补上一句："应该是他能力不够吧？"

隔一年，国诚就升任处长，成为汪经理的顶头上司。3个月后，汪经理被国诚外派到一个问题丛生的分公司。半年后，汪经理自请离职。

处方2 保护好自己——向甄嬛学习

"别人帮你，那是情分，不帮你，那是本分。"

"娘娘容不容得下臣妾，是娘娘的气度。能不能让娘娘容得下，是嫔妾的本事。"（以上为《甄嬛传》台词）

流潋紫小说《后宫·甄嬛传》改编为电视剧，描述后宫争斗的血泪史，红极一时。为什么？正因描述了职场中的自恋心理与明争暗斗，让上班族深感共鸣。

甄嬛如何以嫔妃角色存活下来，日后晋升为皇贵妃，最终成为太后，是很有启发性的励志故事。一方面保护好自己，一方面得适时挺进，对上班族的重大启发如下：

- 刚入宫时，甄嬛虽获皇上属意，但在宫中刻意低调，表现笨拙，躲过华妃的陷害。相反地，恃宠而骄的华妃，坏事做尽，终被皇上打入冷宫赐死。

- 当皇上为敦亲王与朝臣间的冲突烦恼，甄嬛把握难得时机，提出建言，居然化解皇上的烦恼，巩固了她的地位。
- 甄嬛势单力薄，在阴谋算计的后宫文化中，岌岌可危。她靠着主动帮助别人，赢得了沈眉庄、果郡王、温太医、宦官、宫女……从上到下的支持，在他们的协助下，渡过难挨的关卡。
- 甄嬛被华妃陷害而流产，皇上对华妃却没有半点责罚，甄嬛十分落魄，还被富察贵人打了巴掌。她领悟：自己必须强大起来，才不会被欺负。她从这些惨痛教训中快速成长，锻炼出极高强的生存能力，终成太后。

避免与自恋型人格者纠缠不清，更不要因为他而气自己。真正重要的，是向甄嬛学习，壮大自身的力量，保留自己的空间。突显你的区隔性，甚至主动前往蓝海发展，不要跟自恋型人格者在红海中做无谓争斗，那样只能血流成河。

处方3 喂养自恋型人格者

自恋型人格者在情感上是个脆弱的小孩，需要人家给他无条件的正面关注，把别人当成镜子反映出自己的优越，这是所谓的“自恋倒影”（Narcissistic Mirroring）。那么，就给他们想要的东西：注意、肯定、欣赏、奉承。

因此，不要害怕自恋型人格者。同时也要注意，当自恋型人格者犯错时，适当指出即可，保全他的面子，不要乘胜追击，这样他会铆足全力报复，血债血还。

尽量不要撕破脸。他很容易把你不同的意见，当成对他的否定。虽然，你只是好意提醒，讲的也正确。

虽然你气得不行，但勿破坏关系，世界很小，总有一天遇得到。不需要逞一时之快，得罪了自恋型人格者，而让自己未来遇到麻烦。

处方4 诱使自恋人格者关怀他人

将自恋的能量导向正面。

塑造一个情境，让他的自恋特质在关怀的行动中展现出来，就像助人的好事得到社会表扬、员工的好业绩能为公司赢得奖项与荣誉、企业家捐助慈善基金赢得大众喝彩。让他在正向的地方，满足成为英雄、被人崇拜的欲望。

你可以对他说：

- “这件事情需要很聪明的人来处理，我想你最适合了！”
- “一般人没办法了解这个任务的精髓，还好有你！”
- “请你帮我一个忙，我一定会很崇拜你的！”

根据研究，自恋型人格者的强烈自我意识，是有机会改变的。鼓励他主动关心别人，让别人也能跟他一样开心。

若他已结婚，学习经营亲密感情与付出关怀行动，也会有帮助。

症状 17

同事认为我自以为是

在职场上，你容易把一些状况当成自己的威胁吗？

很在意自己外表不够靓丽？

别人是否讲过奉承你的话？

别人是否有配合你的意思？

你偷偷地生气别人的业绩比你好？

别人是否批评你？

很不喜欢自己心情不好？

你是否觉得，以上状况若是肯定答案，便代表你的失败？

这些“自恋性侮辱”的感受，可能让你变得非常气愤。怒气如欧洲最高的火山埃特纳火山爆发，滚烫的岩浆喷溅横流。你铆足劲，以言语、手段，甚至动作攻击他人，贬低他人。你想要保护的，是自己的面子。

一开始，你可能表现出有魅力、聪明、好玩、刺激的形象，像阳光一般，把光辉散发给别人。别人开始信任你，你觉得受到拥戴，感觉自己是全世界最成功的人。

一阵子之后，你发现潜在的竞争者出现。你必须开始“耍心机”“搞手段”，才能击败潜在的竞争者，维持自己的优势地位。

你变得（其实，本来就是）虚伪、不诚实，提出承诺但是事后否认。你如此习惯制造小团体，操弄无知而盲从的同事，让原本没有仇恨的人，变得彼此对立。

你发现自己很容易嫉妒。不小心看到别人有好的表现，你会这么说：“这么认真做这些事，表示你很闲吧？那就加工作给你好了。”

回想一下，自己是否从来没有真诚地欣赏、称赞别人呢？人际关系对你来讲，是否变成展现个人权力的工具而已？你的目的，在利用别人，强化自己的自尊和地位，甚至为了取得权力，脸不红、心不跳地贬低别人、出卖别人，上演这出标准戏码：“踩着别人头顶往上爬”。

宗睿面试进这家外商设计公司时，大跌旧日同事的眼镜，他们不太相信以他的能力可以进去。

大家不知道的真相是：他爸和总经理是生意伙伴，更是高尔夫球场上多年的球友。

当同事讨论业务问题时，宗睿的口头禅是：“还好吧，这有什么难的？”

轮到他必须处理一个困难的设计案时，他说：“接下来我要出差一阵子，没有办法弄，麻烦大家了。”

同事觉得很奇怪，一切总是这么地“巧合”，他永远在过爽日子。

有一次，他的同事祖芫的设计案得了大奖，宗睿的第一反应是：“那个奖的评审素质都很差！听说标准宽松到连幼儿园学历都可以得奖，是靠两个有名的设计师在撑。”

其实宗睿自己也投了稿，但是没得奖。

有一天，总经理交代他一件设计案，他完全没经验，不会弄，更不想花时间弄，他想到祖芫花过时间做类似的设计案。于是，宗睿跟祖芫说：“总经理要你把之前的设计档案全部发给我。”

祖芫不疑有他，就都给了。

其实，总经理并没有这样讲过。在年度业绩评比时，宗睿把功劳完全抢在自己身上，更把设计案中还没得奖的分数也算进去。

总经理对他赞赏有加，隔年，他比祖芫先升了经理。由于他乐此不疲地搞手段，背景又硬，许多资深的人才见状，纷纷出走。3 年后，公司不堪亏损，宣布倒闭。

如果你能够努力达到“你好，我也好”，利人利己，在这个团队合作的年代，就会有更好的、长远的发展。

以下这则历史故事，值得深思：

军事天才拿破仑一生赢得了一百多次战争，他说：“我的字典里没有‘不’这个字。”

当上法国皇帝之后，他越来越狂妄，1812 年率领 60 万大军远征俄国，俄国库图佐夫元帅明智地率军民撤退，采取坚壁清野的策略。

拿破仑发现莫斯科空无一物，决定撤退，却遇到了俄国最强悍的一支“军队”——俄国的寒冬，最后只剩下 2 万多士兵活着回到巴黎。在反法同盟的回击下，拿破仑逊位并被软禁于圣赫勒拿岛，度过生命中最后的 6 年。

贝尔纳多特元帅评论拿破仑：“我们都无法打败拿破仑。幸运的是，他自己打败了自己。”

如果你是自恋型人格者，以为一切都在自己的掌控之中，那么拿破仑的历史故事告诉你——“机关算尽太聪明，反误了卿卿性命”，最后，你会打败你自己。

了解自己，并适度修正，相信你的职场生涯可以更成功。

疗愈处方 如何改善过度的自恋

处方1 学习谦卑与感恩

在专业高度分工的现代，夸大个人的价值，无疑是最荒谬的想法，完全是一厢情愿。

自恋只是自我感觉良好，其实你和别人都一样，都很渺小。感激自己拥有的事物，试着把功劳归于团队，而不是个人。

处方2 辨认“自恋”的自动化思考

请你阅读以下的描述，若符合你的状况请打钩：

- 如果我很帅 / 漂亮，我就优于其他人。
- 我需要成功，如果不能，我就一文不值。
- 我需要别人来称赞我。
- 我应该赢别人。
- 极少数人值得我花时间。
- 大家都应该配合我。

- 我是特别的，应该得到最好的。
- 这种事不可能发生在我身上。
- 我想要什么，就一定要得到。
- 表现没被主管赞美，是不可忍受的。
- 我应该随时保持优越形象。
- 如果我不能保持快乐，那是无法忍受的。
- 若接受别人的建议或影响，就表示别人赢了。
- 承认错误是一种耻辱，应该坚持自己没错。

处方3 培养“自信”的合理思考

针对你在处方 2 中所勾选的描述，在下面找到适合自己的合理思考，并且打钩：

- 每个人都有独特的地方。
- 我并不一定要优越，才能幸福。
- 平凡也是幸福的。
- 其他人也可以信赖，而不是竞争对手。
- 我可以做一些事情，出于喜欢，而没有特殊目的。
- 人际关系是生活的一部分，而不是地位的象征。
- 我的幸福，并不需要建立在赞赏与地位上。
- 我不需要总是讨人喜欢或被人崇拜。

处方4 主动接受心理治疗

伍迪·艾伦编剧并执导的美国剧情片《蓝色茉莉》(*Blue Jasmine*),描述一位纽约贵妇茉莉(凯特·布兰切特饰),过着大家艳羡的奢华生活。然而,一切突然改变,她变得一无所有,只身前往旧金山投靠妹妹金洁。

茉莉没有钱,但为了面子,还是坐头等舱、拖着LV高档行李箱。她自觉到每个地方,都应该受到特殊礼遇,最瞧不起的就是窝在杂乱小公寓的妹妹、妹夫与朋友们。

她有着自恋性的愤怒,伴随抑郁症、恐慌症、过度换气、自言自语、脱离现实、偏头痛等症状,更糟的是,她不愿寻求专业协助,持续酗酒、吞安眠药配酒,状况更为恶化。

在派对中,茉莉结识了一名上流社会男子,年轻有前途的杜怀,本来有机会和他结婚,结束这悲惨的生活。然而,她太习惯用谎言欺骗自己、他人和男友,谎言拆穿的那一刻,她唯一的幸福希望也毁了。

其实,茉莉从以前就选择生活在假象中,助长了前夫哈尔的外遇与犯罪行为,儿子对她感到绝望并开始吸毒。后来,她主动配合警方获取哈尔的罪证,最后哈尔在狱中自杀。

原来,她来自一个领养家庭。在父母的教养中,她学到不能承认自己有缺点,必须表现一切完美,才能被爱。

伍迪·艾伦2013年的这部作品，以纽约上流社会女子为原型，反映的正是“自恋时代”的典型病态。茉莉不惜一切代价，只为了编造完美的梦幻，让别人崇拜，但她自己内心的空虚却逐渐地扩大。她自以为聪明，不断操弄、欺骗他人，结果失去了他人的信任。

自恋型人格者自以为优越，通常不愿意“被治疗”，但很喜欢“治疗”别人。当危机发生、出现心理挫折、陷入暴怒或低潮时，就是接受心理治疗的最佳时机。专业人员比亲友更能注意当事者自尊的需要，让自恋型人能安心地面对弱点，不必一味装大，真正开始做出改变。

如果茉莉愿意接受心理治疗，她将能够：

- 在安全的治疗性环境中，接纳长久以来心中的脆弱感受。
- 觉察自我欺骗的心理。
- 减少一厢情愿的完美幻想。
- 从他人角度看待自己，其实大家都在看自己演戏。
- 培养面对自身缺陷的勇气。
- 把自恋转化为自信。

处方5 在亲子教养中培养“自信”而非“自恋”

现代父母常把自己的自恋思想投射在小孩身上，让小孩也变得自恋。

千万不要直接赞美："你真是天才儿童！"一直牢记自己是天才儿童的小孩，将会害怕犯错，甚至逃避问题，继续编织完美的谎言白日梦，形成自恋型人格。

父母称赞孩子时，原则是"对事不对人"。你可以这样赞美："你把英文都学会了，表示你很用功，真棒！""记不起来没关系，继续努力就好，我知道你办得到！"

要看到孩子的努力，而非成绩。鼓励孩子面对挫折，并且在错误中学习。

症状 18

我真的很想跟他大吵一架！

护理站的打印机一直运转不顺，护理长对着来修理的工务科组员宗献抱怨："拜托，打印机一个月 30 天可以坏 31 次。我们护理师做完病人的事，都已经延迟两个小时才下班，遇到打印机坏掉，没办法打印护理记录，又拖了两个小时。"

宗献一听，生气地说："你是怪我害了你们部门吗？医院的打印机这么烂，用了 10 年都不换，我光是到全院 50 个部门修打印机，每天都要延迟 3 个小时下班。"

护理长也火大了，说："你的服务态度怎么这么差？我要跟你们主任讲。你本来就要跟医院高层反映啊！"

宗献用力拍桌，反戗回去："你自己为什么不讲？！一直推到我身上。讲正事，这台用了 9 年的打印机，还没完全坏掉，你们部门先将就用吧！"

职场人际冲突是必然发生的。在充满静电的职场中，随时有小火花的产生，有时候，竟然就产生了一道闪电，摧毁了职场气氛，甚至组织运作。

职场人际冲突的形式，包括：

- 同事和你意见不合。
- 同事对你有侵略性的言语或行为。
- 同事直接表达对你的不喜欢。
- 同事打断你的话。
- 无法和某同事合作完成任务。
- 被同事批评时感到不舒服。
- 你会刻意避免碰到某同事。
- 你把同事的善意行为解读成威胁。

职场人际冲突的原因，常是双方的要求、目标与动机不一致，资源又是有限的，产生了不是你输就是我赢的竞争场面；同时，用了无效的人际沟通技巧，冲突不仅没有解决，甚至愈演愈烈。而企业体制的问题，常激化员工相互间的矛盾，导致职场人际冲突。其实，案例中的护理长和工务科组员都向高层反映过打印机的问题，但到了秘书室主任那关，就以院长要节省开支为由，一律被挡下来。

人际冲突是不能忽视的，它会为职场带来负面影响，包括：

- 危害个人身心健康。职场人际冲突的压力，造成当事者身心疲劳、情绪不稳、自主神经失调、免疫力失调、增加慢性病风险。
- 为个人利益考虑而非组织。冲突耗费了个人的时间与精力，组织并未从中获益，甚至因为人际冲突，导致工作气氛变差、人与人之间不信任、恶性斗争，而使组织受伤。
- 成为职场暴力的温床。在极端的状况下，员工寻仇，而发生职场暴力。

以我的临床观察，职场人际冲突有两大关键因素。

第一，个人成见因素。

在案例中，宗献大概被全院各单位骂惯了，马上觉得护理长“又”在怪罪他，本能地一定要反击才行。当皮球被踢到他身上，一定要再踢回去。你可以看到，双方因为各自的情绪将对方的言语做了负面的扭曲，指责对方是加害者，自己是受害者，沟通越来越负面，以至于不可收拾。

其实，立场不同是正常，甚至是健康的，怕的是当事者先入为主的想法以及累积的负面情绪，扭曲了对事情的解读。就像以下这则经典心理学实验所揭示的。

苏联心理学家做了一个实验，让两组学生看同一张人像，对第一组学生说："这是一个罪大恶极的罪犯。"对第二组学生说："这是一位大科学家。"

之后，心理学家请两组学生描述照片中的相貌。

第一组学生描述："深陷的双眼显露他内心充满仇恨，突出的下巴证明了他在犯罪道路上顽强走到底的决心。"第二组学生描述："深陷的双眼显露出他思想的深度，突出的下巴证明了他在科学道路上克服困难的斗志。"

成见对我们的影响，实在比想象中更惊人。

第二，人际形态因素。

弗吉尼亚·萨提亚（Virginia Satir）是美国家族治疗大师，她在《联合家族治疗》《家庭如何塑造人》等书中，描述家庭系统中有五种互动规则，也是常见的五种人际形态：

- 讨好型。占50%，遵守讨好的规则，以忽视自己来处理差异，总是说"是"，一味地同意别人的意见与感觉，不管自己的真实感觉。
- 责备型。占30%，遵守责备的原则，以忽视别人来处理差异，总是说"不是"，非常爱责怪别人的意见与感觉、为了反对而反对、吹毛求疵。
- 超理智型。占15%，遵守超理智原则，忽视自己和别人，不说“是”，也不说“不是”，对别人的感觉无感，习惯用说教、合理化的方式来处理差异。

- 岔开型。占0.5%，遵守岔开原则，忽视自己、别人和环境，“是”“不是”与感觉都不存在，偏离主题，不愿意面对。
- 一致型。占4.5%，遵守一致性原则，真实地面对自己、别人和环境，包容自己和别人的差异，开放地、清楚地进行协调，尊重对方的意见。

案例故事中，两人落入“责备型”的互动，忽视对方可能存在的差异，一直责怪对方。最后“岔开型”的处理方式出现了，两个部门的梁子，也就深深地结下了。

员工若习惯“讨好型”或“超理智型”，没有真正沟通，负面情绪被压抑着，长期可能危及个人身心健康，或者有一天情绪突然爆发，导致关系完全破裂而难以弥补。所以学习“一致型”的互动是化解职场人际冲突的关键。

疗愈处方 掌握有效的人际关系技巧

处方1 发展“成长活力游戏”

萨提亚期待的“人际游戏”，是“成长活力游戏”。

运用前述的“一致型”角色，每个人都把自己和别人包含在互动当中，既能表达自己，也允许别人表达他们自己；不会把别人的话语解读为在威胁自己的生存，可以自由地赞同、附和，也可以反对。

以案例故事来讲，将可以解释如下：

护理长对宗献抱怨：“我们护理站的同事，真的都被打印机给害惨啦！”

宗献笑着说：“我知道啊，其实，我们工务科的也都被打印机害得很惨。”

护理长拍拍宗献的肩膀：“很多事情真的无法强求，（压低声调）你知道秘书室主任虽然难搞，但也不是恶意，真正难缠的，是她后面的‘那个人’。”

宗献开玩笑地说："在我们医院，两个员工原本不认识，只要骂起'那个人'，都会成为好朋友。好了，不讲八卦，这台打印机'只'有9岁，是全院最年轻的打印机，就留给你们用！"

处方2　运用"沟通游戏"

萨提亚发现，人际沟通在前四种互动规则（讨好、责备、超理智、岔开）中，会有言不由衷的现象，言语、语气、眼神与肢体产生了不一致。

运用"沟通游戏"的六大步骤，可以处理这些现象，并且改善互动。

一、两个人背对背，要求他们彼此交谈。

二、两个人转过来，面对面注视对方，不互相碰触，不交谈。

三、两个人面对面注视对方，彼此碰触，但不交谈。

四、两个人彼此碰触（譬如握手），闭眼，但不交谈。

五、两个人眼神接触、交谈，但不碰触。

六、两个人交谈、碰触、眼光接触，并试着和对方争论。

进行到第六步时，两个人发现，要吵架几乎是不可能的。除非把身体距离拉远，眼神错开，才有可能生气。

通过"沟通游戏"，两个人学到，能够看着对方、接触对方，并和对方说话，信息将能完全一致。

处方3 学习软化关系的秘诀——“GIVE”（给予）

当你发现和对方讲话，一开始就有剑拔弩张之势，那么就应用莱恩汉博士（下一节将会介绍）建议的秘诀，来软化你们之间的关系。

G——温和（Gentle）

- 务必保持礼貌，让行为在得体的范围内。
- 绝对不攻击、不威胁。
- 不批判。

I——有兴趣（Interested）

- 倾听别人的意见，对别人感兴趣。
- 不要打断对方的谈话，听完整再讲。
- 保持自己的耐性。

V——认可（Validate）

- 先接纳他人的感受和意见。
- 不要立即评判对方。
- 试着说：“我理解你的困难，但是……”

E——轻松举止（Easy manner）

- 运用小幽默。

- 保持微笑。
- 来软的，不要来硬的。

每一次职场人际冲突，都是挑战你机智与幽默的大好时机。如果你面对冲突只会“勃然大怒”，最后弄得“两败俱伤”，那只能说，你实在太缺乏智慧了，需要再好好学习。

试着去想漂亮的解套方式。若你能够想出来，化解冲突尴尬，那么，你会是真正的赢家！

症状 19

我该坚持？还是退让？

面对人际冲突时，我们有两种选择：

- 要激烈抗争，也就是“战”（fight）？
- 要回避冲突，也就是“逃”（flight）？

在这个问题上，华盛顿大学心理研究所的玛莎·莱恩汉（Marsha Linehan）博士有独到的观点。

她是心理治疗界的大师之一，她在传统认知行为疗法的基础上，加入了肯定与辩证的元素，在接纳或改变的抉择中，以“整合”的方式，达到事件正反两极的平衡，称为“辩证行为治疗”（Dialectical Behavior Therapy，DBT）。

她从“人际效能”的角度，来看边缘型人格者的问题。这个群体容易陷入人际冲突当中，长期处于自我与他人的矛盾状态，原因是在抗争与回避的抉择当中，他们常摇摆不定，并受到情绪影响，而非出于当时处境的需要。

莱恩汉博士认为，人际冲突处理的障碍包含了：

- 缺乏技巧。不知该怎么做。
- 担心。担心产生糟糕的结果；担心自己是否值得拥有想要的东西；或者，担心自己没有能力。
- 情绪影响。行为受到情绪的控制，而非技巧的控制；因为愤怒、沮丧、恐惧、罪恶感等干扰，而没法做自己想做、说自己想说的事情。
- 犹豫。无法决定要做什么，自己想要的又是什么；无法做出一个选择；要求太多，或从来没有提出要求；对每件事要么都说“不”，要么都说“是”。
- 环境限制。在某些环境下，最有技巧的人其实也无法有效地行动；对方真的太强势；如果你得到你想要的，其他人会感受到威胁、不喜欢你，或要惩罚你。

因此，你会产生以下困惑：

■ 别人不能对我发脾气。

当对方指出你的错误，带着愤怒的情绪，当下你可能觉得他就是在骂你，而感到愤怒、悲伤或自责。然而，对方可能是对事情感到不悦，而不是对你感到不爽，确实是“对事不对人”。或者，对方对每个人讲话的方式，都是如此，不是只有你被这样无礼对待。

■ 别人发脾气的时候，我一定受不了。

你遇到对方有负面情绪，就感到难以招架，或许勾起你过往在家中面对家人情绪的糟糕感受，因此急于结束情绪冲突。你可能忍气吞声，摸着鼻子就走；要么跳出来当“烂好人”，把错误揽在自己身上；要么就逃跑，让别人来处理。然而，双方没有沟通好，观念落差依然很大。

■ 如果别人拒绝我，我会受不了。

当你有一个合理的要求，可是担心会被对方否定，造成自己颜面无光，爱面子的你，因此忍而不提。然而，对方可能真的不知道这个要求对你的重要性。

■ 我应该愿意为别人牺牲自己的需要。

当同事间为了工作斤斤计较，发生冲突，你为了回避冲突，维持同事间的和平，自己把事情做了，抢先跳进火坑当中，牺牲了自己的权益。

■ 如果我请求别人帮忙，表示我是一个软弱的人。

当你必须接受不熟悉的业务，压力会很大。你知道该请教谁，但直觉却认为不应该找人帮忙，应该自己翻教科书和论文，重新学起，甚至牺牲睡眠，增加不必要的工作压力。

■ 如果我没有自己把事情搞定，表示我能力差。

家里婴儿刚出生，妻子产后情绪沮丧，你还是坚持熬夜把评估报告做出来，不愿意拜托同事帮忙，因为你向来不需要人家帮忙，你认为那代表能力差。

■ 我不配得到我想要的，或我需要的。

你累得要死，同事也把烂摊子丢到你身上。好吧！你真的完成了，却发现升迁的是你的同事。你心里想，应该是自己做得还不够。直到有一天，你真的绝望了。

■ 我必须确定对方会同意，才敢提出要求。

你想要在礼拜五请假，利用连续 3 天的假期回家乡一趟，但和你搭档的同事难相处，他常在礼拜五请假。你认为他可能不愿意帮你，还是算了吧！

■ 对别人提出要求，表示我很自私。

你发现自己的工作做不完，想要请同事帮忙。但看到他这么忙，觉得这样会害了他，还是自己做好了，可是你真的快受不了了。

■ 没关系，我无所谓。

主管分派工作时，没注意到你已经有繁重的任务了，还是“公平”地分派，可是这对你并不公平。你忍气吞声，告诉自己：“没关系，我无所谓。”

■ 这一定是个灾难。

当被主管派到偏远单位时，你想到要搬家，小孩要转学，太太不愿意，而且前途完了。

是战？是逃？你需要的，不会是固定的答案，而是灵活的智慧。

抛弃以上的困惑，做好自我心理建设，你可以把职场冲突处理得更好！

疗愈处方

面对人际冲突的战略

处方1 面对冲突的实战策略——“DEAR MAN”（亲爱的人）

莱恩汉博士建议用以下策略，来面对并解决人际冲突。

D——描述（Describe）

- 明确告诉对方，是什么事情让你有所反应。

E——表达（Express）

- 表达你的感受和意见。
- 试着说：“我想要……”“我不想要……”“我不会……”
- 尽量少说：“我不能……”“你应该……”

存在主义哲学家萨特说：“不要找借口让自己受制于非理性的情绪。将‘不能’改为‘不会’。”这就是强调为自己的感觉与行为负责，你是自己“不愿意”（不会），而不是“没能力”（不能）。

请为自己的语言负责。你还可以区分不负责任的语言和负责任的语言。

- 不负责任的语言："你让我很生气""你让我很火大""你让我很不爽"。
- 负责任的语言："我让自己生气""我让自己很火大""我让自己很不爽"。

A——坚持己见（Assert）

- 设想对方不会知道你在想什么。
- 除非你要求，要不然对方就不理你。

职场上，无论员工还是主管，许多人"眼盲"和"耳聋"的程度，会让你咋舌！可能你要讲到第20次，甚至"（悲惨的）事实摆在眼前"，他才真的能听懂，而考虑采纳你的意见。

R——强化（Reinforce）

- 告诉对方，若能帮助你得到想要的，会有什么好的结果。
- 告诉对方，若不能帮助你得到想要的，会有什么不好的结果。
- 奖励对方，让对方产生动机帮助你。

M——正念（Mindful）

- 把注意力放在目标上。
- 别让自己分心。
- 即使对方拒绝你，也要继续重复你的立场。
- 即使对方用言语（甚至行动）攻击你，也继续坚持你的立场。

A——显出自信（Appear confident）

- 采取放松的姿势。
- 维持自信的语调。
- 保持眼神注视。
- 不要盯着地板、行为退缩。
- 不要出现小声、不确定的言语。

即使被施予人身攻击，你仍要保持自信，冷静思索解套的妙招，反过来帮自己加分。

时下年轻人爱漂亮，最怕的就是被嫌丑。然而，美国历史上最伟大的总统林肯，常常被人当面嘲笑长得很丑。

一次，林肯与竞选对手道格拉斯辩论时，道格拉斯批评他："林肯说一套做一套，是一个有'两张脸'的人。"

林肯回应："道格拉斯批评我有两张脸，请大家评评理，如果

我有另一张脸的话，我还会带这张丑脸来见大家吗？”

最后当上美国总统的，正是林肯。

N——讨价还价（Negotiation）

- 尝试降低你的要求。
- 保持拒绝态度，但建议其他解决问题的方法。
- 把问题转移给对方，请对方提出替代的解决方法，例如：“你认为我们应该怎么做？”

中国历史上有一次相当伟大的“讨价还价”，故事是这样的：

咸丰十年，英法联军攻入北京，咸丰皇帝逃往热河，下谕曾国藩北上支援。

当时，曾国藩正在安徽攻打太平天国，遭遇困难；而且从安徽到北京要走一个月，一个月后的战争形势难以预料，太平天国势力可能无法压制。曾国藩面临了两难困境。

李鸿章研判，清廷最后应该会跟英法谈和，签订和解条约。到时对清廷来说，太平军的威胁更大！再怎么说，曾国藩带领的湘军，应该把全力放在对付太平军上才对。

于是，李鸿章想到一个妙招，建议曾国藩写信给朝廷，询问

他（曾国藩）和胡林翼谁比较适合带兵北上？借此争取缓冲时间，免于长途跋涉带来的恶果。

果然没过多久，曾国藩就接到朝廷已经签订条约，不用北上支援的公文。

当时，河南、陕西等省的巡抚立即赶往支援，结果空跑了一趟，还劳民伤财。

不急着决策，主动创造时间来换取空间，是解决人际冲突必备的智慧。

处方2 让人际冲突为职场加分

不要害怕冲突！请别忘记，人际冲突的出现，也能为职场带来许多好处：

- 能呈现不同观点。同事之间看法一致，或者大家都服从主管的意见，常导致组织竞争力变差。冲突代表多元观点，寻求解决时，一方面能让被压抑的看法得到重视，一方面能提升组织的整体能力。
- 能激发解决问题的潜力。为了在冲突当中占上风，你可能必须做更多的功课、写更好的计划，并且展现更高的创造力，这反而提升了你的能力以及成就感。

- 能促成团队合作。成员之间的芥蒂，因为冲突，“化暗为明”，通过适当的调解，反而有机会形成真正的合作。

因此，在人际冲突中，尽力实现沟通的目的，减少负面情绪的干扰，解决真正的问题，个人与企业必能从冲突中得利，形成多赢局面！

Part 5

主管互动处方

症状 20

我好害怕遇到主管

话说那个全世界最有名的小孩——小明，终于长大了。

有一天，他去应聘一家公司，在面试时，心里非常紧张，全身僵硬得不行。负责面试的主管发现了，好心地鼓励他：

“小明，不要这么紧张嘛！放轻松一点。”

小明试着让自己放轻松，终于好一点点了。

于是，主管开始发问：

“你可以谈一下你自己吗？”

接着，小明伸出他的右手，把拇指和食指圈起来，用力地“弹”了自己的脸颊。

主管当场傻眼，嘴巴张得大大的，完全说不出话来。

故事中，小明面对主管时，产生极度紧张情绪，全身肌肉紧绷，甚至连大脑都死机了，导致会错意，产生令人啼笑皆非的行径。

临床上，小明的状况可能是社交焦虑症引起的。

社交焦虑症又称社交恐惧症，指的是当事者在一些社交情境下，感到过度恐惧或焦虑，导致主观困扰或角色损害，包括：

- 一般社交互动，例如：交谈、跟不熟悉的人会面。
- 被观察的情境，例如：吃东西、喝饮料。
- 在别人面前表现或表演，例如：演讲、演奏会。

当事者害怕他的实际表现或是呈现出来的焦虑症状，会受到对方负面评价，包括羞辱、尴尬、被拒绝。

当事者为了避免负面评价，摆脱强烈焦虑的不适感，常会逃避社交场合。然而，越是逃避，越是没有信心来面对一般的社交场合，甚至到连自己都觉得夸张的程度。

社交焦虑症是世界第三普遍的精神疾病，仅次于抑郁症、酒精及药物滥用，影响 4%—14% 的人口。

社交焦虑症的成因，与脑中杏仁核的过度活化有关。杏仁核负责恐惧经验的记忆，当事者在过往的人际（或家庭）经验中，有过负面经验，也许是被贬低、嘲笑、侮辱，这个“情绪—记忆”联结深深地烙印在杏仁核内。往后，在接受类似社交刺激时，必定引起杏仁核的巨大反应，产生极度的恐惧。社交焦虑症也和神经传导物质有关，特别是血清素、儿茶酚-O-甲基转移酶（COMT），及多巴胺失调，这成为药物治疗的理论基础。

社交焦虑症患者对于权威有本能的害怕，面对同事时，会把同事当成批判自己的权威；而主管对于他来说，那更是标准的权威角色，会引起他更大的恐惧。因此，当事者常常会逃避与同事和主管的眼神交会、言语互动。

从客体关系理论来看，当事者过去曾受到权威形象，如父母、照顾者或兄弟姐妹的负面批评或嘲弄，引起尴尬、羞愧、羞辱等感受，当事者将这种互动模式内射至心中，成为“内化表征”（Internalized Representation），日后不断投射到他人身上，认为别人是有伤害性的，尽力逃避这些权威形象。

员工过度害怕老板的心态，与此有关。其实是将原生家庭中的经验，带进了职场。

夜里，埃里卡浑身是汗地架在热烈的母爱之火愤怒的炙叉上辗转反侧。她被音乐艺术香喷喷的烤肉汁浇了一身。……埃里卡从小就被装进这个乐谱体系中。这五条线控制了她。自从她会思考起，她只能想这五条黑线，别的什么都不能想。这个纲目体系与她母亲一道把她编织进一个由规定、精确的命令和规章构成的撕不开的网中，就像屠夫斧子上红色的火腿卷一样。这保证安全，而由安全产生出对不安全的恐惧。

这段描述精确地点出当事者生活在母亲的权威下，在过度控制中产生的恐惧情绪。

这是经典小说《钢琴教师》(*Die Klavierspielerin*) 里，女主角埃里卡的内心想法。这部小说有着高度自传性质，背后真正的女主角，就是这本小说的作者——奥地利作家耶利内克（Elfriede Jelinek，1946—），她本身深受社交焦虑症之苦。

当耶利内克在2004年荣获诺贝尔文学奖时，她甚至无法前往斯德哥尔摩领奖，只能播放自己在家中录好的得奖演说。她坦承：“我无法应付人群。”

这显示，社交焦虑症患者虽然承担了负面的过往，以及当下的恐惧，但若能选择适合自己发挥的领域，也是能够成就惊人事业的！

疗愈处方　改善社交焦虑的技巧

处方1　熟悉放松的技巧

当你在权威面前紧张的时候，心脏狂跳、呼吸困难、手心冒汗，这些焦虑的生理反应，助长了脑中的负面思考，你变得更焦虑。最后，你赶紧逃避，以让自己不再承受这些负面生理反应。

很简单，你只需通过放松打破这个恶性循环。

请你运用前述的腹式呼吸法、正念呼吸法、深呼吸法。

当你在紧张时，只把注意力放在你的呼吸上，让呼吸变慢、心跳变慢、手汗减少。

不管发生什么事，你就是让呼吸变慢、心跳变慢、手汗减少。

处方2　辨认引发社交焦虑的不合理思考

好好地觉察自己，究竟在害怕什么?

家龙很内向。他不会主动找人讲话；光是看到同事，心里就开始紧张；走路一定保持头低低的姿势；坐地铁时，害怕其他乘客的目光，若不小心四目相交，心脏一定狂跳。

女主管更是他的罩门。当女主管找他讨论事情时，他脑中想着：

“我嘴角在抖了，手也在抖，脸上在冒汗，她应该‘发现’我很紧张了吧？真是的，难怪大家都瞧不起我，我为什么这么没用！糟了，我脑袋一片空白，到底要讲什么？我得赶快离开才行。”

自然而然地，他完全没听进去刚刚主管问的话，只记得她很生气，而且要他明天在营运会议中报告。

家龙紧张了整整一个晚上，完全没睡。

他想起上个月才被她当众痛斥，讲话结巴又讲错，被大家看笑话。他心里反复想着：

“我完蛋了！这次我真的完蛋了！”

从案例中，你可以看到社交焦虑症患者，在内心深处存在着许多不合理思考，如下所列。若你有的话，请打钩。

- 要让别人接受我，我就必须完美无缺。
- 要我接受自己，我就必须完美无缺。
- 当我紧张时，我的表现就一无是处。
- 我无法忍受别人的批评和拒绝。
- 每个人都必须喜欢我才行。

- 别人怎么想我，决定了我的价值。
- 我的表现，决定了我的价值。

处方3 建立社交互动的合理思考

接下来，你可以运用自我对话，告诉自己：

- 焦虑的时候，也是可以有正常表现的。
- 我不要害怕焦虑，焦虑在，也没关系，把事情完成就是。
- 不管讲得好不好，撑过去，我就“得分”了——“叮咚叮咚”！
- 焦虑会随着时间过去，我是安全的，放心！
- 焦虑归焦虑，我不会昏倒的。
- 每次有焦虑，不代表我治疗失败。这只是一个过程。
- 主管瞧不起我也没关系，反正我就是这样，要不然你要我怎样？
- 出席最重要，总比没来好吧！

处方4 分级暴露法

社交焦虑症的标准治疗方法是“认知行为治疗”，其精髓之处，就在于“分级暴露法”。

治疗成功的秘诀，并不在于“想通了”“放下了”，而是不断地演练、尝试，累积更多失败经验，到了有一天，就开始有成功经验。

就像你在陆地上学游泳，就算泳姿完美无瑕，只要跳到水里，不会就是不会。只要你愿意到水里，即使泳姿拙劣难看，很快就能学会游泳。

你的行动，一定要比你的想法还多。与其浪费时间做无意义的空想，不如把时间拿去行动。

美国罗斯福总统的夫人埃莉诺·罗斯福（Eleanor Roosevelt）女士，是联合国人权委员会议长、社会运动家、和平运动家，也是优秀的作家。她曾说过："你必须经常做那些你以为自己不能做的事情。"

暴露法的核心，是坚持让自己处在焦虑情境中，产生"习惯化"的效果，发现自己越来越不紧张，同时有机会累积成功经验，以及社交自信。

请你把每次面对权威时的状况，都当成难能可贵的练习。练习要分难度。

困难度（0—100）	练习（举例）	练习前焦虑度（0—100）	练习中焦虑度（0—100）	练习后焦虑度（0—100）	自我评价（0—100）	自我鼓励
10	在地铁上看着其他乘客					
20	看着同事的双眼并且打招呼					
30	主动向主管打招呼					
40	要求便利商店店员帮你把一百元找开而不买东西					
50	主动帮同事订餐					
60	和异性同事讲 10 分钟的话					
70	向新认识的人要电话号码					
80	主动关心主管的家庭生活 15 分钟					
90	在公司里进行半小时的专题演讲					
100	跟不认识的人攀谈					

看看影视名人的故事：

美国女明星芭芭拉·史翠珊曾为社交焦虑症（表现焦虑症亚型）所苦，25 岁时她已经是歌手，在中央公园举办演唱会，于 12 万观众面前竟然忘词，觉得非常丢脸！自此 27 年，她再也无法公开演唱，转型为演员、编剧、导演。

后来，她接受分级暴露法的治疗，从小场合开始习惯，逐步重建信心，之后渐渐加大场合规模，变成巡回演唱，到最大型的电视演唱。至此，她终于能够走出来！

处方5 矛盾疗法

矛盾疗法（Paradoxical Intention）对于难治型的身心症状，常有令人惊艳的效果。

失眠的人抱怨："整晚一直想要自己睡着，却越想越睡不着！"

医生会这样鼓励患者："你今天晚上躺在床上，要尽力保持清醒，千万不可以睡着。若有睡意，要告诉自己：千万不可以睡着。这是一个重要的练习，一定要做到。"

我到现在还没见过，能够把这项练习"做成功"的人，人们几乎都不知不觉地睡着了。人就是这样矛盾的动物。

对于社交焦虑者，可以做以下两种矛盾练习：

一、迎接症状。如果怕别人看你讲话时你脸会红，那么就制造自己脸红的经验，并且夸大它。下次遇到别人时，努力让自己脸红，最好打破吉尼斯世界纪录，看看你有没有办法做到。

你将发现，脸红的程度减少了。

二、明知故犯。请你刻意制造症状，让自己习惯：

- 买东西付账时，“故意”让手发抖。
- 在对方面前写字时，“故意”让自己发抖。
- 虽然知道咖啡厅位置，但“故意”向人家问路。
- 在大卖场，“故意”和人潮走相反方向。
- 哼歌，“故意”大声到人家都听得到。
- ________________________________
- ________________________________

症状 21

实在不知道怎么跟主管相处？

伊铃半夜发微信给好友橙琳说："我已经连续两个月睡不着，心里好沮丧，明天好想不去上班！"

当橙琳问她怎么回事时，伊铃说：

"我实在搞不懂执行长要的是什么？怎么做，怎么不对。

"她前天还在办公室对我发火，说我整个都做错了。问我为什么没接她打的越洋电话？可是，那是半夜 3 点啊！

"当时我脑袋一片空白，只能一直哭。我已经尽了全力，接下来还能怎么办？

"难道继续每天被她骂吗？

"3 年前我进这家公司，我真的把它当成一辈子努力的地方，没想到半年前换了这个执行长。

"3 个月后，我搞坏了身体，难缠的妇科病与反复泌尿感染不说，还搞得每天吃安眠药才能睡。搞不好下个月，执行长还是请我走人！”

橙琳也哭了，因为她没想到从学生时代一路欣赏的朋友，过得也这么不好，那她自己该怎么办呢？

拼命三郎型员工努力的目标，常在于得到主管的肯定。

在潜意识里，他们常是通过自己的努力，以得到权威角色的接纳。如果得到权威角色的肯定，也就能够肯定自己。

员工的自我形象，是建立在主管对他的评价上。如果遇到好相处的主管，员工能够得到赞赏与鼓励；然而，若主管是 A 型人格外加作风强势，或极度自恋而没有同理心时，员工就容易受挫，甚至自我否定，陷入“习得性无助感”，产生抑郁情绪，或者压抑心中愤怒，转为恐惧与逃避行为。

“我本将心向明月，奈何明月照沟渠。”

这种痛苦，该如何理解呢？

从“付出 / 回馈失衡”工作压力模型（Effort–Reward Imbalance Model，简称 ERI），能够解释这种现象。

此模型在 1996 年由德国社会学家约翰内斯·西格里斯特（Johannes Siegrist）所提出，是职业心理学的重要模型，认为“社交互动性”是人际行为的基础，即相互性的合作投资，会期待“付出”与“回馈”是同等的。

现代人很自然地把职场当成生命中心，以及认同感的来源，也会对主管有相同的期待。当你为工作的“付出”和得到的“回馈”不平衡的时候，就产生了职场压力。

“付出”可能是心理的或生理的，“回馈”则不一定是薪资，还包括名声、升迁、工作保障等。换句话说，如果薪资低，但工作有保障或有好的升迁机会，当事者不一定有太大压力。

研究发现，ERI 和主观健康感、员工幸福感、高血压、高胆固醇、BMI 身体质量指数都有关，更是能够单独导致缺血性心脏病的危险因子！

丹麦学者埃勒（Eller）等人针对公务人员进行自主神经研究，发现“付出”或 ERI 指数越高，心率与交感神经亢奋程度就越高，整体自主神经活性、副交感神经活性就越差。当“回馈”越高，整体自主神经活性就越好。

特别需要注意的是，ERI 指数过高，也就是“付出”远高于“回馈”时，副交感神经功能容易低落，这正是心血管疾病与猝死的重要生理指标。研究还发现，这种现象女性比男性还要显著。

因此，如果你发现自己的 ERI 指数变高了，建议你调降“付出”程度，或在职场中增加“回馈”的程度。

苏东坡是北宋文学天才，到任湖州知州时，上表谢恩。

然而，御史上表弹劾苏东坡，罪状是苏东坡在表中，对宋神宗的新法明褒暗讽——“愚弄朝廷，妄自尊大”。

宋神宗大怒，立即逮捕当时42岁的苏东坡入狱，判了死刑。

当时，苏东坡真的写下诀别诗：

“柏台霜气夜凄凄，风动琅珰月向低。梦绕云山心似鹿，魂惊汤火命如鸡。

眼中犀角真吾子，身后牛衣愧老妻。百岁神游定何处，桐乡知葬浙江西。”

柏台就是御史台，多种柏树，上有乌鸦，亦称乌台，这件刑案，史称“乌台诗案”。

幸运的是，经过皇太后等人出力，苏东坡终免一死，改为贬谪至黄州。

黄州时期，却成为苏东坡文学创作突破的重要阶段，连“创作料理”也登峰造极，包括“东坡肉”。

他的弟弟苏辙曾说：“在黄州之前，我和苏东坡的文章并驾齐驱，但黄州之后，他的文章如江河洪水，我就完全比不上了！”

“外在”的回馈，有时很难取得。然而，员工若能像苏东坡，找到“内在”的回馈，也许是自我实现、享受工作气氛、认同企业价值，也是有机会找回平衡的。

这也就是为什么哲学家伊拉斯谟（Desiderius Erasmus）会说：“幸福快乐的首要之点，在于一个人愿意成为他自己。”

疗愈处方 和权威者相处的策略

处方1 培养“说大人而藐之”的气度

《孟子·尽心下》曰：“说大人，则藐之，勿视其巍巍然。堂高数仞，榱题数尺，我得志弗为也；食前方丈，侍妾数百人，我得志弗为也；般乐饮酒，驱骋田猎，后车千乘，我得志弗为也。在彼者，皆我所不为也；在我者，皆古之制也，吾何畏彼哉？”

若翻译为现代语言，孟子的意思是说：

跟上位的人讲话，要藐视他，不要把他的权势看在眼里。住别墅豪宅、吃鱼翅燕窝、开保时捷在市区呼啸而过之类的事，实在没什么，我就算有权势也不去搞这些。我坚持走我自己的路，有什么好怕的？

人都有许多缺点，过人的成功背后，可能是难以言说的秘密。许多主管缺点可能比员工还多。

能够看到这点，是心理治疗师的基本素养，也是上班族“说大人而藐之”的起点。

处方2 提升自我的格局与高度

德国哲学家尼采（Friedrich Wilhelm Nietzsche），很有这方面的勇气，他主张只要是人，不管是上位者还是平民百姓，都应该被超越。他说：

“人是被污染的河流，一个人必须成为大海，才能接纳污染的河流，而自己不会被污染！”（《查拉图斯特拉如是说·序曲》）

“一个人对老师最糟糕的回报，就是总是当一个学生。为什么你不想摘掉我的皇冠呢？”（《查拉图斯特拉如是说·谈奉献的道德》）

他在《不合时宜的考察》一书中提及：

“爬到一个哲学家能爬到的高度，爬入阿尔卑斯山纯净凛冽的空气中；在那儿，所有的迷雾和朦胧都将消失，只有事物的根本结构，以一种粗糙、严峻，却清楚得躲也躲不掉的声音对你诉说！”

回想你上次乘飞机的经验，当飞机爬升到一万米的高空，底下不再是纵横交错的城市，而是由云朵绵延无边构成的崭新风光，你感到好开心，心想：

“我终于不用和那些人相处了！”

处方3 经营与上司的正向关系

有一天乾隆出巡，途中突然停轿，却不讲半句话，大家都很紧张。这时，御前侍卫和珅马上拿了瓦盆进到轿里。乾隆小解之后，龙颜大悦，立即起驾了。

因为和珅如此善解上意，所以深得乾隆信赖。

在主管面前，与其一直陷于“防守”，倒不如像和珅主动“进攻”，积极地营造正向关系（和珅其他的方面可不要学）：

- 在上司面前维持礼貌，不要冲动。
- 和上司的重要观点保持一致，即使心里不认同。
- 对上司的外表、穿着、举止表达赞美。
- 对上司的成就、绩效表达肯定。
- 在自己能力的范围内，主动协助上司。
- 对上司的生活表达兴趣与关心。

有一段影片，描述一位美国陆军军官进入麦克阿瑟的办公室，把一些文件放到他的桌上后，一路鞠躬，倒退着走出去，没人要他这么做。这位军官正是未来欧洲战区盟军最高指挥官艾森豪威尔，就是他策划了诺曼底登陆，并成为美国第34任总统。

好好跟着你还欣赏的上司，“做牛做马”5年。当你因为协助得好而被升迁了，再好好利用另外5年，发展出自己的特色，让你变成无可取代的角色。当你能够自成一派，建立新的“生产线”，好好地照顾跟随你的人吧！

处方4 培养临机应变的能力

和主管相处的危机，也常是咸鱼翻身的契机，而且机不可失。

南朝的齐高帝曾问书法家王僧虔：“你觉得我和你的字，谁的比较好？”

这下，王僧虔陷入两难，说自己写的字好，害皇上丧失颜面，搞不好会引来杀身之祸；但说皇帝写的字好，不仅是违心之论，搞不好又犯了欺君之罪。最后他说：“我的字在大臣中是最好的，您的字在皇帝中是最好的。”

两个都是“最好”，让齐高帝更加佩服王僧虔的智慧。

处方5 培养幽默感

纪晓岚是清朝著名才子。一次，在编纂《四库全书》时，他觉得很热，就把上衣脱掉。不巧，乾隆皇帝驾到，他慌张地躲起来，却被乾隆瞄见。乾隆故意不出声。

过了一会儿，纪晓岚轻声问仆人："'老头子'走了没有？"

乾隆喝斥："是谁放肆，给我出来！"

纪晓岚爬出来叩见，说："陛下是万岁，所以称'老'；为万民之首，故称'头'；子者，为天之骄'子'啊！"乾隆赞赏他的机智，恕他无罪。

幽默感的前提，是能够以平常人的角度来看待主管的一言一行。一直把主管尊为权威，不仅制造了不必要的压力，对员工也不见得是有利的。

症状 22

我觉得主管实在太过分了

你真的遇到了“问题主管”吗？

其实员工眼中的“问题主管”不见得有问题，而是观点与员工不同。也许是性格内向、外向的不同；或者是看问题的角度不同；究竟是宏观管理、充分授权，还是微观管理、事必躬亲，甚至“不断从你肩膀上方看过去”？

这种差异常常是可以为团队绩效加分的。

处长说：“我这两天被总裁盯上了，实在忙得不行，这件客诉案比较急，麻烦你先处理！”

益郊说：“可是我上午要开会，下午要出差。”

处长脸上不悦，心里老大不爽，语气勉为其难。

3 个月后，益郊升上处长，他告诉他的组员：“我这两天实在忙得不行，这件客诉案比较急，麻烦你先处理！”

他看到组员脸上的不悦，突然想到过去的自己，也是这样的表情。

当你升迁为主管时，发现你的决策，正是当时主管令你反感的做法。所谓“换个位置，换个脑袋”，有其道理。

一级主管扮黑脸，二级主管扮白脸，是很常见的，运作也不错。你要了解，完全不给员工压力的主管，大家的潜力没被激发，组织竞争力常常不足，甚至失去方向，员工之间开始搞小团体，公司就倒闭了。因此，给员工适度的压力，是公司存活的方法。重要的是“恩威并施”，让大家一方面能激发潜力，一方面能得到心理支持，让团体与个人都能顺利存活下去。

若一级主管、二级主管都扮黑脸，一味高压而没有支持，恐怕又没办法完成目标。

有时候主管对你不好，是你做了一些“傻事”。比如，你在同事面前数落主管，结果传到主管耳里，你日子自然不会好过。毕竟，他掌握“权力”。或者，本来可以私下讲的，结果你在会议场合直接指出主管的不对，让他难堪，主管多少都会在意的。搞不好，如果今天站在台上的是你，你会更生气，甚至有报复的念头。

比较不好的状况，是主管不喜欢你，故意为难你。或者主管对人的态度就是傲慢无礼、动辄谩骂凌辱。这种主管自私自利，完全没有同理心，除了导致员工心理沮丧，更造成团队士气低落，形成大家消极配合、“多一事不如少一事”的不良企业文化。

黎副总与林经理被“传唤”时，也不清楚是什么事，只知道一定没好事。

果然，一进了总经理办公室，只见到吴总双手环抱胸前，双眼冒出热腾腾的杀气，跷起二郎腿，只差没碰到两人的鼻子。

此刻，韩德尔的《水上音乐》流泻在吴总经理的办公室，旋律十分优美。

吴总把一本厚重的报告当着他们的面，直接摔在地上，发出清脆的爆裂声，封面都掉了。

接着，他厉声斥责：“我叫你们用A方法做检测报告，搞了一个月，结果你们给我用B方法？”

林经理耐心地解释：“吴总请息怒，我可以做证，你那时跟我们讲的，是用B方法。”

吴总更生气了，大声地说：“你给我闭嘴！没做就没做，到现在还在狡辩！我半年前就讲了，到现在还没做！林经理，你可是要升副总的人。”

林经理：“我想这中间可能有误会，真的，我敢保证……”

结果火上加油似的，吴总马上呵斥打断，咆哮声还惊动了隔壁的董事长秘书，敲门探了头进来。

林经理两行眼泪不住地流下来。这时，韩德尔的《水上音乐》依然优美地飘荡在总经理办公室。

黎副总看着林经理，心中十分不忍。

林经理真的遇到了“问题主管”吗？

YES！

以上状况达到了“职场霸凌”的程度。员工需要有自我保护意识，千万别任自己在心理甚至身体上，持续受到伤害。

根据台湾地区“劳工纾压健康网”的资料，“职场霸凌”是指：

在工作场所中发生的，借由权力滥用与不公平的处罚，所造成的持续性冒犯、威胁、冷落、孤立或侮辱行为，使被霸凌者感到受挫、被威胁、被羞辱、被孤立及受伤，进而折损自信，带来沉重的身心压力。

- 54% 的上班族曾受到“职场霸凌”，包括言语、行为、肢体、互动等广义的暴力行为。
- “职场霸凌”发生最多的行业，是贸易流通、媒体出版、传统制造行业。
- 女性被霸凌的比率比男性高。
- 60% 以上的上班族，每周至少被霸凌一次。
- 37% 的上班族，几乎每天都被霸凌。

- 高达 61% 的上班族受到上司霸凌，最常发生的状况为：言语谩骂、冷嘲热讽、劳务分配不均。
- 35% 的上班族受到同事霸凌，最常发生的状况为：背后攻讦、遭受小团体排挤、冷嘲热讽。

在过去，上班族发挥“吃苦就是吃补”“吃亏就是占便宜”的精神，创造了地区经济发展，但也培养出某些主管恣意妄为的不当态度。当大环境不景气，许多企业未能适时转型，竞争力下降时，这些企业只知道一味降低成本（cost down），员工更易受到职场霸凌。

职场霸凌不仅对员工造成身心伤害，企业也终将付出昂贵代价。

在恶斗内耗之后，优秀人才流失、专业技能缺失、补招不到人、新人技能生疏、生产力下降等诸多问题，其实更难以解决。

疗愈处方 拿出勇气对抗职场霸凌

处方1 辨认职场霸凌

其实，职场霸凌比一般人想象的范围更广。以下描述都属于职场霸凌：

- 公开或私下对被霸凌者咆哮、羞辱、威胁。
- 贬低被霸凌者的努力、能力、尊严。
- 对被霸凌者吹毛求疵，刻意在小事上为难。
- 刻意误解、扭曲被霸凌者的言语与行动。
- 孤立、排挤、冷落被霸凌者。
- 主管剽窃属下工作成果与功劳。
- 找理由不让被霸凌者请假。
- 找理由要被霸凌者加班却不给加班费。
- 无故要求被霸凌者离职或退休。

在这家机构里，员工加班不给加班费；当相关部门来稽查时，则声称打卡记录一切正常。

原来，主管要求下班时间到时，全机构的员工都要先去打卡，再回到工作岗位，继续把事情做完，才能下班。

主管理直气壮地说："因为这工作不是钟点制的，是责任制的！"

这当然是霸凌。

处方2 防范职场霸凌

职场专家米歇尔·伍德沃德认为，对付职场霸凌有六大策略：

- 了解原因。先分清是自己太过敏感、得罪主管或功高震主，还是主管个人的问题。
- 面对冲突。别冲动跑去火上浇油！冷静思考处理方式，在谈判时保持弹性。
- 为自己发声。不要一味忍耐，这样是"姑息养奸"，主管日后若伤害别人，你便是"共犯"。可以问主管："是不是我做错了什么，以至于我们之间的互动产生问题？"
- 争取他人协助。适当地告诉同事或亲友，让他们成为你的战友，协助判断这件事情，宣泄负面情绪之后，相信你会有不同看法。可以考虑利用会议场合，以"对事不对人"的方式，理性地讨论事情的解决方法。

- 往上申诉。不轻易越级呈报，帮主管保留颜面，也比较有沟通余地。然而，当主管无法沟通时，越级呈报可能是解决问题的唯一方法。
- 思考离职。不是所有职场冲突都能够解决的，也不是所有公司或主管都愿意面对问题，请你衡量个人的利弊得失，决定去留。

不假思索为“问题主管”做事的结局是“不死做到辞，不辞做到死”。

上班族，请保持清醒！

处方3 从上司的错误中学习

马勒是奥地利著名作曲家、指挥家。

在职场上的他，其实是有名的“问题上司”，以“指挥暴君”著称，对乐手们施加“魔鬼训练”，要求一丝不苟，动辄暴怒。到后来，甚至只要他瞪一眼，乐手就全身瘫痪般，连个音符也演奏不出来，逼得乐手要求：“除非你把眼神移开，否则我无法演奏。”

1897 年，马勒担任维也纳歌剧院首席指挥兼艺术总监，5 月 11 日首演瓦格纳的《罗恩格林》，乐评是：

“到乐曲的高潮，铜管高声进入，他一下子活了起来，仿佛将整个管弦乐团一把攫住，指挥棒如剑般直戳向伸缩号部，结果唯神奇两字可形容……”

如果上司确实是个人才，有惊人的成就，只是他的个性你无法“苟同”，你仍旧可以把他当榜样，积极提升自己，有朝一日，你可以比他有更杰出的表现。

如果上司确实不是个人才，还有种种坏习惯，譬如当众辱骂犯错的员工，那么，你可以从中学习，如何正向经营与下属的关系。

如果上司有一天被高层解雇了，你可以找出他被解雇的原因，也许他真的做了公司不能容忍的事，你必须暗自警惕。他正在以自己为试验品，为你上珍贵的一课，你就不会重蹈覆辙了。

如果公司只是为了缩减人事成本炒他鱿鱼，那么你就必须注意，你可能是下一个。你必须不断地提升自我的“利用价值”，让公司觉得你很重要，甚至“不可取代”，那么你就能免于同样的命运！

处方4　向不合理的要求说“不”

2013 年，一电影公司 40 多岁的女性公关经理，因中风去世。深入了解其原因，发现上司常在晚上 10 点后用手机软件交办工作，导致这位经理严重超时工作，身心过劳，终而英年早逝。

主管下班发信息给员工并无问题。但若还要处理，并回复信息内容，就可算加班，必须给予加班费，且加班时数有上限。

从 2014 年 4 月起，法国劳动法规定：晚上 6 点到次日早上 9 点为非正常工作时间，禁止公司发送邮件或打电话给员工。

适时说“不”，不仅有益员工的身心健康，更是法律的要求。

Part 6

面对客户处方

症状 23

完了，又遇到挑剔的客户

傍晚5点，江医生才结束坐诊，手上捧着几只冰凉的蒸饺，这是他的“晚餐”，说错了，应该是“中餐”……不，其实是“早餐”。

他坐在摆渡车上，赶去另一个院区查房，一路都没机会休息。因为他一直接听社会服务室的人员打来的电话。

原因是一位看病的女性如花要求做“身心障碍鉴定”，一直打电话投诉：第一，鉴定门诊为什么要排那么久的队？第二，诊间助理态度不佳！第三，社会服务室员工态度不佳！若再不处理，就要去大闹院长室。

社会服务室的人员被她骚扰得不行，很想就此打住。问题是，院长才刚对全院饬令：“没有不对的病人，只有不对的员工。把一切错误扛起来，百分百以客为尊。”于是，只得再通知江医生亲自处理。

江医生听了原委，心里很火大，迫不得已打给她，不自觉地想：

“我已经够忙了，还对你这么好，不要再打电话无理取闹！”

结果，“江医生态度不佳！”成了如花的第四项投诉。

遇到好的客户，你和对方都有如沐春风之感，感受到工作是人生幸福的泉源；但遇到挑剔的客户时，又让你觉得“不如归去”，早点退休。

当这位挑剔的客户就在你面前，该如何面对呢？

《我把挑剔人变粉丝》(*Who's Your Gladys*)的作者马莉琳·萨特尔，分享了一个故事：

美国密歇根州有一位87岁的老太太，向来以爱抱怨和难以取悦出名。

在她搬家当天，专业搬家公司的工人竟不慎把她的大理石桌撞出裂痕。搬家公司总监决定不要“装死”，便主动出击，问候老太太。果然，她大发雷霆。总监表达善意：保证一定修好，要不然就赔一张全新的。

老太太依然非常愤怒。当天，接洽的业务人员很晚才有空处理此事，他决定不用打电话解决，而是亲自到府上表达歉意。老太太的火稍微消一些了。

他知道老太太不会开车，隔天开车载她去挑选了一张全新的大理石桌。事情好不容易过去了。

接下来的发展，让大家都想不到。

在这个高级退休社区中，老太太拼了命帮这家搬家公司宣传。居民听到这么挑剔的老太太竟然会一直推荐这家公司，几乎把这家公司当成搬家首选，结果该公司两年业绩增长了 40%！

为什么这家公司能够“把挑剔的客户变粉丝”？

团队十分用心，顾及老人家念旧的心理，搬家前，先拜访他们的看护和社工，了解他们的“特殊需求”，打造“个性化”的服务。对于焦虑的老人，业务人员会这么说：“请你完全放心，我找的是最优秀、最聪明的两位搬家工人。”因为事前花了很多工夫准备，所以顾客满意得不行，会主动帮他们推荐。

这就是“同理心”（empathy），能够站在对方的立场思考与行动。人本心理治疗学派大师罗杰斯（Carl Rogers，1902—1987）描述同理心是：

“能够在情绪因素和相关联的意义上，都正确感受他人的内在参考架构，好像他就是那个人，但从不曾失去‘好像’的这个分寸。”

这就是能够正确体认对方情绪状态，又保有情绪自主的能力。

相对来说，“同情”（sympathy）或“认同”（identification），指的是过度体认对方情绪状态，继续沉溺在这感受当中。如果太常陷入这种状态，可能导致过劳、人我界限破坏，甚至产生不当介入，长此以往是不利的。

“同理心循环”（Empathy Cycle）由伦纳德提出，描述创造以同理心互动的美好历程。包含五个阶段：

- 第一阶段：对方表达了一种感受。

如花来到社会服务室抱怨：“鉴定门诊为什么要排那么久的队？”

- 第二阶段：自己辨认出这种感受。

江医生可以问自己：“需要排那么久的队，会让我有什么感觉？”

当江医生听到这项投诉，发现自己火冒三丈，可以先想一想，为什么会有这么强烈的情绪？也许是忙了一天，还没吃早餐，又低血糖，在遇到这件事情时，引发了强烈的负面情绪，打断了“同理心循环”。

- 第三阶段：自己向对方表达已经认出这个感受。

江医生回馈：“听起来，好像你的一切都很糟糕！”

- 第四阶段：对方接收到你已经认出他感受的信息。

如花说：“对，现在你了解我有多惨吧！”

■ 第五阶段：对方向你回应已经收到上述信息。

如花说：“我快被逼到绝路，连下一顿饭在哪里都不知道。爸爸才刚生病住院，医疗费用拿不出来。我的状况真的和别人不一样，你们可不可以帮我想一下，该怎么办？”

有同理心的时候，你将能够：

■ 从正面角度看待客户挑剔的行为。
■ 能够接纳客户的负面情绪，特别是愤怒。
■ 能够去挖掘客户的正向特质，甚至向对方学习。
■ 提供真正让客户满足的定制化服务。
■ 满足对方的特殊需求而让其印象深刻。
■ 注意客户的行为细节而感到安心。
■ 让危机变成强化顾客信任的转机。
■ 会发现每个人背后都有个感人的故事。

我们的同理心是怎么来的呢？

1992 年，意大利帕尔马大学里佐拉蒂的研究团队发现，猴子伸手去拿香蕉时，猴脑中的 F5 区域的神经元会放电发出信号，这相当于人脑的腹侧前运动皮质，即布洛卡区（Broca's Area）。

当研究人员中午肚子饿了，偶然把猴子面前的香蕉拿来吃时，意外发现：猴子的 F5 区域的神经元也活化了，但它并没有自己去拿香蕉。

好像猴脑中有一面镜子，会不自觉地重复对方的动作，产生“感同身受”的感觉与想法，这就是“镜像神经元”。

随着研究的深入，科学家发现“镜像神经元”分布位置包含：腹侧前运动皮质（ventral premotor cortex）、顶叶下侧皮质（inferior parietal lobule）、前扣带回皮质、脑岛（insula）等，它们构成了同理心的生理基础。

从你的婴儿时期起，“镜像神经元”就已开始运作。当你出生三个星期，妈妈吐舌头的时候，你也会跟着吐；两个月大小，妈妈笑的时候，你也跟着笑；三个月的时候，妈妈操作手指玩偶，你也会跟着动小手。

这种无意识的模仿能力，让你看起来很可爱，大人就更想“怜香惜玉”，把你保护得更好。这是婴儿的生存策略。

当你长大进入职场，看到客户皱眉头，你自然知道：对方一定有什么心事。把目前的话题先暂停，关心对方一下吧！

为什么有些人会没有同理心？当事者可能有以下特质：

- 自恋型人格特质。以自我为中心，眼中只有自己，别人是成就自己的工具。
- 反社会型人格特质。完全无视他人感受，一再剥削、伤害甚至牺牲他人，习惯从事犯罪与攻击行为。
- 自闭症类群特质（包括阿斯伯格综合征）。从幼年开始，就有明显社交互动、沟通能力的缺损，伴有重复固着的行为、兴趣、活动，常出现语言障碍。

如果你有以上特质，努力学习同理心，必能为你的职场表现大大加分。

疗愈处方　保持同理心

处方1　同理心的基本技巧

银行职员詹姆斯去拜访一位董事长，希望取得某些资讯。

他依约定的时间到达时，刚好听到一个女人告诉董事长，今天没有什么邮票可以给他。董事长随意地向詹姆斯解释："我在帮12岁的儿子收集邮票。"

当詹姆斯向董事长表明来意，只得到非常含糊的回答。

离开后，詹姆斯灵光一现。他去了银行国际部门，从来自世界各地无人认领的信件上剪下邮票。隔天，他再次拜访董事长，带来大量邮票，要送给他儿子。

董事长非常开心地说："我儿子一定很喜欢的，谢谢你！"

董事长让他看儿子的照片，他和董事长谈起邮票，一个小时后，詹姆斯并没有做任何询问，而董事长告诉了他所有答案。

沟通的秘诀，就是高度的同理心。请你努力练习以下技巧：

- 牢记对方的姓名与癖好。
- 谈论对方最感兴趣的话题。
- 关心对方最关心的议题。
- 请教对方最擅长的领域。
- 运用对方最熟悉的语言。
- 做对方最好的倾听者。

处方2 展现身体的同理心

同理心，就是和客户一同看事情。要展现最精湛的同理心，请你明白：留意客户的身体语言，也就是展现身体的同理心（somatic empathy）。

美国心理学家威廉·赖希（Wilhelm Reich）认为身体姿势本身代表一种心理防卫机制，是回应外界压力的直接方式，称为“身体盔甲”。

美国联邦调查局（FBI）的乔·纳瓦罗（Joe Navarro）是这个领域知名的沟通专家，他认为，你必须有能力辨认客户是“不安”，还是“自在”。

一、“不安”的信号

情绪特征：紧张、犹豫、严酷、冰冷、暴怒、顽固……

身体动作：

- 抖腿或脚。可能不舒服、不耐烦，或希望快一点。不妨结束讨论，或休息一下。
- 脚转向一边。这只脚正在“指示逃生方向”，对方想要离开。
- 跷脚但脚朝向别的地方。这时大腿变成两人间的障碍，表示防卫心理，有不愉快。
- 两脚交扣。脚踝交扣，或者脚踝扣住椅脚，表示不安。
- 手摩擦腿。这是一种“自我安抚动作”，表示有焦虑，需要安抚。
- 背向你。对方不愿意面对你，是一种“腹面抗拒”，表示对你不快。
- 用手或物体挡住躯体。双臂抱在胸前，把包包、抱枕挡在前面，表示焦虑。
- 摸脖子、摸胸窝（胸骨上凹）。表示不自在、忧虑。
- 眯眼、皱眉、抿唇。表示有压力、不安。
- 舔嘴唇、摸嘴巴、咬指甲、咬东西。自我安抚行为，表示焦虑。
- 拨弄服装饰品、撩头发。自我安抚行为，表示不安。

二、“自在”的信号

情绪特征：喜悦、耐心、亲切、温暖……

身体动作：

- 站着双腿交叉。表示放松、有信心。
- 跷脚但脚正对着对方。表示开放、自在。
- 坐着，四肢伸展。表示自在、宣示领土。
- 把手臂放在另一张椅子上。表示有信心、自在。
- 双手交握放在脑后。表示自在、有支配力。
- 双手交握，比成塔状。表示有信心。
- 双手交握，大拇指朝上。表示有自信。
- 眉头向上拱起。对抗地心引力，表示热诚、快乐。

乔·纳瓦罗说他自己办案，都先看对方的脚，由下往上扫描，再看对方的手，最后才听他讲的话。这是相当值得学习的。因为，人都会说谎，不经意之间从身体泄露的秘密，才是真的想法。肢体语言比话语更加诚实，也更能让你猜到对方的心思。

处方3 适时的肢体碰触

一项约会研究发现，在夜店里触碰对方手臂，对方答应跳舞的人多了 20%，愿意给电话的人也多了 10%。

肢体碰触，拉近了距离，使双方变成半个朋友，对方会比较容易答应事情。

处方4 探索语言下的深层架构

神经语言程序学（Neuro-Linguistic Programming，NLP）的创立者约翰·葛瑞德和理查班德勒发现，语言都存在表面架构与深层架构。人类阐释自己的经验，局限于语言的转换，结果语言限制了经验，而不是描述经验；甚至，语言架构反过来决定了当事者的经验，导致扭曲的、负面的情绪。

就好像客户说："你们一直忽视我。"这是一个表面架构，语言的深层架构可能包含：

- "你们是指谁呢？"
- "还有哪些人也包含在内呢？"
- "你什么时候注意到的？"
- "我们如何忽视你？"
- "你说的忽视是什么？"
- "我们为什么要忽视你？"
- "你所谓的一直，是什么意思？"

温和地探究话语底下的深层架构，你将能了解客户真正的心理需求是什么；客户也能够了解自己的心理需求，不会被自己的这句话给困住，而对你有更负面的想法。

表面架构与深层架构之间，最常发生的两种关系，是“消除”与“泛化”。前者指忽略某些正面事实，隐而不提；后者指以偏概全，把负面经验当成全部。

也许客户的这句话，让公司能够发现：员工在客户面前玩手机的不礼貌行为、人多时不当的应对之道、人手不足、专业度不足、眼神注视不佳、缺乏应对这类客户的要领……通过公司内部改善，迎合顾客的需求，营造出更好的与顾客的关系。

毕竟，顾客等于把“答案”告诉你了！

处方5 运用反投射陈述

这种理论由美国精神科医生莱斯现·海文斯（Leston Havens）所发展。有时候客户会把他对另一个人的愤怒，不自觉地发泄到你身上，这是因为“投射”的心理作用。

这时，应该把焦点从你身上拉开，找出你和客户共同的敌人或议题，变成两人一同观看的场景，这就是反投射陈述。

客户可能抱怨：“叫你们那个同事出来！他明明说一个礼拜试用如果不行，随时找他退货没关系。结果，打电话根本找不到人，打你们总机，又转来转去，每个接的人都说不是他负责。那到底是谁负责？现在，你还一直问我发生什么事，我难道还要花半个小时，重新讲一次吗？你烦不烦啊！”

你可以这么回应：“要是我遇到这种状况，对方却要我重新讲一次，我也会很烦的。（反投射陈述）你放心，我们会把这件事处理好，并且主动打电话给你一个交代。”

处方6 处理客户投诉的原则

- 安排专责人员处理此次投诉。专心处理对方的需求，让对方觉得受到尊重，而不是一再遭到踢皮球的对待。
- 聆听对方的负面语言。情绪永远凌驾于理性之上，先觉察并接纳情绪，才有机会讨论理性议题。
- 使用非语言策略与对方交谈。平静的语调、眼神凝视、适当的手势，常能够胜过千言万语，因为情绪胜过理性。
- 争取发言解释的空间。“刚刚我让你尽量说了，现在轮到我说，这样才公平啊！”
- 让对方独处。“我知道你很难过，我先离开，好让你恢复平静。我 5 分钟后再回来。”
- 给对方提意见的机会。“如果你还有其他不满，务必让我们知道。”这能展现诚意。
- 主动询问对方解决方法。“你希望我们怎么做呢？”

处方7 培养服务的热情

新加坡航空被认为拥有世界上最好的服务品质，其公关副总裁波伊德表示：“我们的空乘人员在送茶给顾客时，是以呈献的姿态……，有些航空公司把飞行当成一种商品，只是把乘客平安送达目的地的基本运输服务而已，我们坚持另一种极端，把飞行当成一种体验。”

新航如何招募优秀的空乘人员呢？

应聘者被带入装有单面镜的会议室里等候，主管观察谁会主动发起交谈，并开始服务他人，这个人才能进入下一阶段考试，这表示员工有热忱服务的基因！

处方8 热爱你所提供的服务与产品

有一次，钻石之王海瑞·温斯顿邀请荷兰富商来美国，表明公司有他喜欢收集的钻石。

温斯顿先请公司的一名钻石专家，详尽地为富商解说这颗钻石的高贵质地、高科技切割技术、卓越宝石的鉴定指数等。

富商婉谢了，说：“我知道这颗钻石很棒，但不是我需要的。”

他转头就要离开。

温斯顿拦住他，并请求他的同意，亲自重新介绍。

这次，温斯顿没有讲到任何专业知识，只是真诚地讲到对这颗钻石的热爱，描述它如何光彩夺目、如何令人怦然心动。

讲没多久，富商就被感动了，当场买了这颗钻石。

温斯顿事后告诉助理：“专家了解他们卖的每一颗钻石，但仅限于此。我热爱自己卖的每一颗钻石！”

你对产品与服务有高度的热爱，就能够感动客户，让他们愿意购买产品。

症状 24

客户说我不会看人眼色

所谓阿斯伯格综合征，就是未伴随语言发展障碍的自闭症，患者从幼儿时期就已经与其他孩子明显不同。随着 2013 年《DSM-5 精神障碍诊断与统计手册》出版，阿斯伯格综合征已经被纳入“孤独症（自闭症）谱系障碍”这个统称当中。

那么，什么是“孤独症（自闭症）谱系障碍”？

当事者有两种能力缺损，会严重影响人际关系与职业功能。

一、社交沟通及社交互动能力缺损。

- 在与人互动时，兴趣、情绪与分享不足，无法维持一般谈话。
- 眼神接触、肢体语言、手势、面部表情、非语言沟通的应用明显不足或不恰当。
- 难以适应不同的人际关系，也没兴趣和同事互动。

二、局限而重复的行为、兴趣或活动模式。

- 重复简单而刻板的动作。
- 僵化的思考模式、仪式动作。
- 对某些事物有不寻常的强烈兴趣。
- 对特定感官刺激有不寻常的强烈兴趣。

让我们来看皓角的例子。

当皓角还是学生时，看到女老师走进教室时表情不太开心，他劈头就“关心”老师：“老师你脸色这么难看，是不是月经来了？”

皓角长大以后，进入高科技公司当工程师，要拟计划并跟主管讨论。

那天，他的直接主管刚被叫进董事长办公室，被骂了一顿，表情难看，同事都躲得远远的，个个生怕“被流弹打到”。只有皓角完全没注意，他当众笑哈哈地对主管说：

“你昨天写给大家的那封信，全文1864个字，总共有33个错字。你说天下没有‘白……痴……’的午餐，哈哈！”

结果，年终考核的时候，他被打了全公司最低分。

自闭症患者因为无法理解别人的感受，做了不当的回应；常误解对方的表情与言语；遇到冲突时，只知坚持己见；做事方法“太有特色”，导致他人的反感。因此常被误会，导致被降职、排挤，甚至霸凌。

其实，当事者无心，并非故意；在人际技巧上，实是“非不为也，不能也”。自闭症患者在辨认人脸表情上，存在真正的困难。

2005 年，加利福尼亚大学洛杉矶分校神经科学家米雷拉·达普雷托（Mirella Dapretto）等人发现，自闭症患者很难辨识表情的现象，跟额下回岛盖部（pars opercularis of the inferior frontal gyrus）的活性较低有关，此区域正是镜像神经元部位，能了解别人的行为、想法和情绪。镜像神经元功能不良，可能导致自闭症患者欠缺适当的社交能力。

辨识人脸表情，是良好人际互动的前提。一般人辨识物体时，用的是梭状回区（fusiform gyrus）；辨识人脸时，用的是颞下回区（inferior temporal gyrus）。脑部核磁共振研究发现，自闭症患者辨识人脸时，用的是梭状回区，显然用辨认物体的脑区来辨识人脸，导致社交困难。

2014 年，权威神经学期刊《脑》（*Brain*）刊出东京大学神经精神科团队的一篇研究。他们以随机分组方式测试“催产素”鼻内喷剂，发现自闭症患者对他人的情绪辨认能力明显提高，原先较弱的右侧前脑岛活性提升了。

“催产素”（oxytocin）是人体的一种激素，结构上和血管加压素接近，在人际关系上扮演关键角色，能自然产生亲密的感觉。

顾名思义，“催产素”在生产的过程中大量分泌，引发母亲对孩子强烈的亲情感受。当我们在谈“柏拉图式的爱情”，或者进行“肉体之爱”时，“催产素”也大量分泌，沉醉在强烈的激情中。因此，“催产素”在自闭症患者的人际障碍当中，扮演了什么角色，也相当值得研究。

在瓦格纳著名音乐剧《特里斯坦与伊索尔德》中，康沃尔国王派遣贴身侍卫特里斯坦到爱尔兰，迎接爱尔兰公主伊索尔德回到康沃尔当皇后。

悲剧的发生，是伊索尔德曾经见过特里斯坦，并且看对眼。

在乘船到康沃尔途中，伊索尔德想抗拒这段婚配，要侍女布兰甘特取出剧毒的酒（poison），把自己和特里斯坦双双毒死。

没想到，布兰甘特给错了，给成了爱情神药（potion）。特里斯坦与伊索尔德坠入无法自拔的爱河之中，注定了两人最终的死亡命运。

这让当事者魂牵梦萦、不顾生死的爱情神药，有没有可能就是“催产素”呢？

自闭症在性别方面，有个非常特殊的现象：自闭症在男性中的盛行率为女性的 4 倍，患阿斯伯格综合征的男性为女性的 9 倍。

剑桥大学的西蒙·巴伦－科恩教授，根据上述流行病学发现、神经心理学测验（女生在社会判断力、同理心及合作上，比男生好）、脑部影像研究（胼胝体男比女小，而自闭症患者胼胝体更小），认为自闭症是极端的“男性大脑”。

2014年，巴伦－科恩更发现，日后被诊断出罹患自闭症的婴儿，早在羊水中就具有高含量的睾固酮；而羊水中雄激素含量低了许多的婴儿，日后均未显示自闭症状。

和女性相比，男性在社交互动技能如表达、分享、情绪互动上，先天确实较为不足，也更容易执着在某些事物、行为、兴趣上，达到旁若无人的地步，让女性觉得：“他是不是聋了？”

但只要正确加以干预，自闭症患者也有机会拥有良好人际生活的。

疗愈处方 发挥自闭特质的优势

处方1 自闭特质者的职场技巧

坦普尔·葛兰汀是世界知名畜产学大师，全美 1/3 的牲畜管理设施由她设计。她本身就是自闭症患者，有超强的“图像思考”能力，能在脑中用 3D 影像完成设计，却难以用语言或逻辑来思考。

她认为，懂得和人互动比解决一个工程问题难多了。不过，为了适应职场，她通过多年的惨痛教训与死记硬背，把各种社交情境与人际互动技巧储存在脑中的“只读存储器”（ROM）中，在与人互动时，像电脑一样立即搜寻。譬如：收到不喜欢的礼物，不可以说“破铜烂铁”，要说“谢谢你的心意”。

此外，她一开始跟客户接触用电话或网络，再把自己的资历、计划书寄给对方先过目，最后才真的见面并且合作得很愉快。

处方2 准备一份“职场备忘录”

史蒂芬·肖尔是致力于自闭症研究的教育博士，本身就是阿斯伯格综合征患者，写作自传《破墙而出》（*Beyond the Wall*），描述无法适应职场人际与规则的亲身经历。他建议自闭特质者，能够主动创造友善的工作环境，并写成“职场备忘录”，主动告诉他人，并邀请对方帮助自己建立人际关系。

“职场备忘录”的内容包括：

- 我可能偶尔说错话，请让我知道，误解才不会扩大。
- 交代事情给我时，请给我具体而且详细的指示。
- 给我明确的工作守则，包括：可不可以和同事聊天？何时可以聊天？什么时候休息？什么时候不可以休息？
- 我可能无法应付突发状况，请事先提醒我，或者告诉我该怎么做，我才能做好。
- 我不是故意不看你的眼睛，其实我都在听。
- 如果我讲话或动作粗鲁，不要觉得我有恶意，其实我只是焦虑，请提醒我。

处方3 发挥自闭特质的职场优势

异想天开的创意思考能够拉近与客户的关系，是不可多得的能力。

自闭特质者在职场上还有四项重要优势：

- 直话直说，不会耍心机。

- 敢讲别人不敢讲的话，很有正义感。
- 重视细节、逻辑与固定的做事方法。
- 超级专注，不容易被外物分心。

最后一点，自闭特质者的专注力和“注意力不足／多动症”者相比，真是天壤之别。这些都可能创造业绩。因此，在电脑程序、数理工程、医疗等领域，都有许多优秀的阿斯伯格综合征患者。

更重要的是，客户、同事、主管都有机会用轻松的心情、幽默的态度，接纳、欣赏和自己不同的特质。这种“尊重多元”的思维，才是文明社会的指标。

Part 7

领导能力处方

症状 25

没办法，那些员工就是管不动

曾经有一所学校，学生桀骜不驯，该校老师一年打断 25 根厚实的木板。一位新来的训导主任才到任一个月，老师们惊讶地发现，拿出木板的机会减少了。

曾经有一所图书馆，被评为该县最差公共单位，这位训导主任转任馆长后，4 个月内，该馆在该县公共单位评比中变成第一名。公共图书馆给人的印象常是单调无趣、死气沉沉。新馆长到任后，开始有了悠扬乐音，却没有花半毛钱公费。原来，一个乐团自愿为图书馆演出 700 场，全部都是义务的。

他怎么办到的？

他说："当年我当训导主任，学生变乖，是因为我把他们当成自己的亲弟弟妹妹对待，不是只想到惩罚，要肯定他们做得好的地方，鼓励他们向善。后来，我到了图书馆当馆长，把员工当家人照顾，身先士卒，馆长室的灯是全馆最后熄灭的。为什么有乐团愿意来图书馆义务演奏？因为晚上节目演奏完，到了11点，他们发现馆长还在帮忙收东西，心里很感动。”

他曾经受邀到其他单位指导，对方希望能像他的单位一样，咸鱼翻身。他到了该单位，一眼就瞧出问题。

他告诉该单位员工：“你们主管没来，怎么成功？”他继续问：“谁能解释母爱伟大在哪里？”

员工欲言又止。他继续说道：“面对孩子，永远身先士卒。曾经，台湾大学校长阎振兴办餐厅，被反映很难吃，他询问了一位顾问：“要怎么改善餐厅？”顾问反问他：“校长，你中午吃什么？”校长说在别的地方吃，顾问就说：“那么，你就去学生餐厅吃吧！”果然，菜色马上就改善了。同样的道理，有时员工会考虑离职，不是工作真的太累，而是主管没有把员工当成自己的家人照顾。”

他的智慧是怎么来的？

他说：“感谢自己小时候贫穷，才有这份同理心。没苦过的人担任主管，怎能理解什么是对员工有同理心？”他富有同理心的领导风格，实是迈向成功主管的第一步。

“领导”与“管理”是不同的。

第二次世界大战期间，丘吉尔刻意在战场现身；盟军统帅艾森豪威尔在诺曼底登陆前，在战地对着伞兵做精神动员；巴顿将军亲自指挥坦克部队前进；22 岁的亚历山大大帝之所以成功，是因为他总是御驾亲征，而他的对手却躲在幕后“运筹帷幄”。

太多主管只会“管理”，而不会“领导”。身为管理者，一切照规定来；但身为领导者，必须展现丰富的同理心，让下属觉得主管重视自己，能协助员工在职场中成长，并且一直愿意和他们在一块儿。

艾斯可工业公司的销售工程师尤里奇说：“我从做父母的角度来看待员工的发展，为他们提供实现自己梦想的机会。当他们做到时，我不会居功。”

身为领导者的第二项关键技能，是“恩威并施”。

行为学派认为：适当操作正增强、负增强与嫌恶刺激，就能够改变一个人的行为。在职场上，只要运用得当，员工的行为是能够改变的。

心理学家请了两位保龄球教练，分别训练两名学员，两人都是一球打倒 7 个保龄球瓶。

第一位教练鼓励他的学员：“很好，居然一次打倒了 7 个！”

第二位教练则训斥他的学员：“你是怎么搞的，居然还有 3 个球瓶没打倒？”

第二位学员很不服气，心想："我是初学者，能够打成这样已经很厉害，竟然批评我还有3个没打倒，气死我了！"

结果，第一位学员球技越来越好，第二位学员的球技越来越差。

这个简单的心理学实验告诉我们：主管对员工的鼓励是很重要的。当你让员工感到自己是有能力的，且会受到公正合理的评价，便能够增强他们继续努力的决心。

一只猎犬追捕一只兔子，很久都抓不到，猎犬放弃了，却被一只羊嘲笑："连一只兔子都追不到，你真是弱！"

猎犬回答："你根本不懂，我们两个跑的意义是不同的。我仅仅是为了一顿饭而跑，兔子是为了性命而逃啊！"

不巧，这句话被猎人听到了。他多买了几只猎犬，训练它们：能够抓到大兔子的猎犬，得到最多的骨头；抓到小兔子的，得到少量骨头；没抓到的，就不给骨头。

自此，每只猎犬都拼了命地抓兔子。

给予适当压力，建立正向的游戏规则，激发员工的潜能，也是必要的。

疗愈处方 恩威并施的魅力领导

处方1 清楚沟通你对员工的期待是什么

- 把你的期望写成文字，让员工知道。
- 请员工给予你回馈。
- 给员工很清楚的回馈，包括他的优点，以及需要改善的点。

处方2 通过恩威并施，培养员工的责任感

- 记得称赞员工的平日努力，或者最终表现。
- 当员工有功时，请不吝在公开场合给予称赞与奖励。
- 时时肯定下属的努力，看重他们的工作成果与牺牲。
- 一开始对员工宁可稍严，之后再宽容，能赢得更多尊敬。
- 避免先宽容再严格，否则容易导致员工反弹。
- 当员工犯错了，让他有解释的机会，并给予他机会改善。
- 当员工一再犯错，勿包庇，务必让他负起该负的责任。

《甄嬛传》里，甄嬛诈病避宠的时候，一些属下看她失势，没

有了资源，纷纷想离开她。甄嬛让属下自由选择。

当时，槿汐、小允子等人仍忠心地跟着她。

天气变冷时，甄嬛还请槿汐给在外面守夜的小允子盖棉被，这让小允子非常感动，誓言保护主上。

当甄嬛再度得宠，那些之前离开的下属又想回来靠势。甄嬛二话不说，完全不给他们机会。

处方3 成为有魅力的领导者

职业心理学家安德鲁·杜布林建议用以下的做法，让你散发领导魅力：

- 描绘出一个共同努力的愿景。
- 表现出热情与活力。
- 巧妙表达情绪。
- 自然地保持微笑，即使没有愉悦的事发生。
- 真诚、坦率，并且值得员工信任。
- 经常使用丰富的、具体的比喻。
- 经常使用真实的故事来传达理念。
- 经常感谢他人，让每个遇见的人都感到自己很重要。
- 精力充沛地追求公司目标。
- 用力握手并凝视对方。

- 保持优雅的步调、姿势与高品位的穿着。
- 愿意冒险并承担风险。
- 适度让员工知道你的非凡成就。

处方4 展现对事业非凡的热情

在一个炎热的夏天，一群铁路工人正挥汗工作。这时，一列高级轿车开过来，上面一位绅士穿着的男子对着铁路工人挥手，说：“大卫，是你吗？”

一名工人说：“是！很高兴看到你，吉姆。”

原来，这名绅士是铁路公司的总裁吉姆·墨菲。

其他工人非常好奇，追问大卫：“你为什么可以和总裁当朋友？”

大卫落寞地说：“23年前，当我只是为了1.75美元的薪水工作时，吉姆已经在为这条铁路工作了。”

展现对这份事业的热情，员工必定能受到你的感染，一起为理想打拼！

症状 26

为什么我的员工不快乐?

如何把热情与活力传递给员工，让他们和你一起追求企业目标?

“负荷／控制／支持”（Demand-Control-Support，DCS）的职业心理模型，会是主管最好的指南针。它由美国学者罗伯特·卡拉塞克等人于1970年提出，认为工作压力的主要因素不见得是“工作负荷”（Job Demand）太大，而是缺乏“工作控制”（Job Control）。

“工作控制”概念源自马克思（Karl Marx），他认为资本家以追求利润为目的，生产过程中，把人工具化，导致工作缺乏自主性，工作内容变得单调重复，进一步产生了疏离感、异化感。

“工作控制”的高低，和社会经济阶层的高低无必然关系。

依“工作负荷”与“工作控制”的组合方式，决定了四种工作形态：

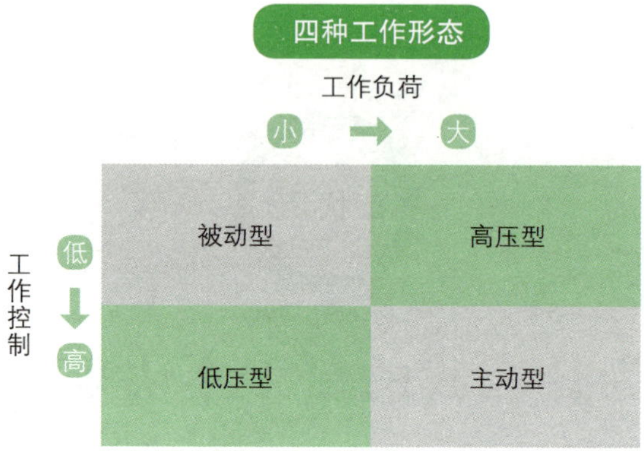

■ **高压型工作（High Strain Jobs）**

工作负荷大，但工作控制性低，最容易产生不好的压力（dis-stress），导致压力症状，进而丧失自信，并且失去主动学习的能力，抗压性也变低。

代表工作：客服人员、餐厅服务生、警察、工厂职工等。

■ **主动型工作（Active Jobs）**

工作负荷大，工作控制性高，带来好的压力（eu-stress），工作的挑战性可以激发当事者潜能，产生学习动力，带来自信，并提高抗压性。

代表工作：律师、医生、教师等专业人员，也包含农夫、木工、水电工等传统行业人员。

■ **被动型工作（Passive Jobs）**

工作负荷小，工作控制性也低，工作步调迟缓、内容单调，心智机能易退化，容易丧失原有技能。

代表工作：保安人员、大楼管理员等。

■ 低压型工作（Low Strain Jobs）

工作负荷小，工作控制性高，可说既自由又轻松。

代表工作：店面房东、企业顾问、基金会董事等。

创立“心流”理论的心理学大师米哈里·契克森米哈赖认为：主动型工作能带给我们最大的幸福。他解释：“人一生最美好的时刻，不是被动接受愉悦与放松的时候，而是主动将身心逼到极限，以完成艰巨却值得的事情的时候！”

和低压型工作相比，主动型工作能创造更大的成就感，以及随之而来的幸福感，能够满足自我实现的深层心理需求。

时移事异，律师、医生、教师等专业人员，已经不算主动型工作，失去了高控制性。因为制度与环境，工作控制性急速下降，纷纷转变成高压型工作。

在这样的现实中，“社会支持”，成为一个重要变数，可以对个人的工作压力，产生缓冲或强化的效应。

“社会支持”包含：来自主管的支持及同事之间的支持；这些支持又区分为情绪性支持（如友善、尊重），及功能性支持（如主管善于组织、同事间互助等）。

在“高负荷—低控制—高社会支持”的工作状况下，主管关心属下，同事情谊也佳，虽然有很大的工作负荷，不见得会感受

社会支持的分类

支持类型 支持来源	情绪性	功能性
主管	尊重	善于组织
同事	友善	互助

到太大压力，更不用说考虑离职。

在“高负荷—低控制—低社会支持”的工作状况下，员工不仅压力大，纷纷考虑离职，压力相关疾病的发生率更是明显偏高，如高血压、心血管疾病、抑郁症、肌肉骨骼疾病、生殖系统疾病、及其他身心病症。

你知道美国最高薪的行业是什么吗？

答案是：律师。

根据调查，光是刚出道的律师，年薪就有 20 万美元，然而，律师得抑郁症的概率，却比一般人高 3.6 倍；更是酗酒与吸毒的高危险群体；离婚率也比其他行业更高。享有高薪的律师们，常盘算着提早退休，或干脆改行。

如何解释这种高薪，却不快乐、不健康的现象？

积极心理学权威马丁·塞利格曼（Martin Seligman）分析，有三大原因：

- 悲观。律师习惯把问题看成永久性、普遍性的，因而对于细节更为谨慎，这在诉讼上反而易成功。
- 有责无权。这种“高负荷—低控制”的形态，属于高压型工作，向来是心脏病和抑郁症的高危险诱因。
- 法律在自由市场中，变成非赢即输的博弈，往往失去了内在的美好目标。

还有什么可以改变？

再有智慧的主管，也许也无法向员工承诺降低“工作负荷”，然而，让员工能有一些“控制性”，并提高来自主管与同事的“社会支持”，员工就有机会保持较好的身心状态，愿意一起为公司打拼。

疗愈处方 平衡"负荷/控制/支持"的智慧领导

处方1 了解员工的工作形态

你可以请员工填写以下量表，了解他们在"负荷—控制—支持"方面的概况，并以主管的权限，开始为员工做逐项的调整。

工作特质量表

评分标准：很同意，4 分；同意，3 分；不同意，2 分；很不同意，1 分。

工作控制（包括"技能发展"与"决策参与"）	■ 在工作中，我需要学习新的事物。 ■ 我的工作内容，很多是重复性的工作。★ ■ 在工作中，我必须具有创新的想法。 ■ 在工作中，很多事我可以自己做主。 ■ 我的工作需要高度的技术。 ■ 对于如何执行我的工作，我没有什么决定权。★ ■ 我的工作内容是很多元的、多样的。 ■ 对于工作上发生的事，我的意见具有影响力。 ■ 在工作中，我有机会发展自己特殊的才能。

续表

工作心理负荷	■ 我的工作步调很快 ■ 我的工作很辛苦。 ■ 我的工作不会过量。★ ■ 我有足够的时间来完成工作。★ ■ 我的工作会需要我长时间集中注意力。 ■ 我的工作非常忙碌。 ■ 我的工作场所有人力不足的现象。 ■ 我的工作体力负荷较小。 ■ 我的工作很耗体力。
就业缺乏保障	■ 我的职位很有保障。★
职场正义	■ 管理部门对员工是信任的。 ■ 管理部门所传达的信息内容是可信的。 ■ 管理部门对员工的工作安排与责任分派是公平的。 ■ 管理部门对于员工薪资福利的安排是公平的。 ■ 管理部门对员工的绩效评估是公平的。 ■ 管理部门在重要决策过程中，会主动告知并提供充分的资讯给员工。 ■ 管理部门以尊重的方式对待员工。
劳工参与	■ 在我的职场中，有捍卫受雇者利益的工会或工作者组织。 ■ 在我的职场中，有足以影响公司决策的工会或工作者组织。
主管社会支持	■ 我的主管会关心部属的福利。 ■ 我的主管会听取我的意见。 ■ 我的主管对我的工作是有帮助的。 ■ 我的主管能成功地组织部属一起工作。

续表

同事社会支持	■ 我的同事能把分内的工作做好。 ■ 我的同事会关心我。 ■ 我的同事很友善。 ■ 我的同事在需要时，会协助我的工作。

注 1：计分原则，★代表反向题，其分数＝5－原始分数。第一向度“技能发展”分数（奇数题加上第 2 题反向题分数）×2，加上“决策参与”分数（偶数题排除第 2 题，其中第 6 题为反向题）×4，总分为两向度加总。其余各向度皆为各自总分加总。

注 2：“工作特质量表”由台大健康政策与管理研究所郑雅文老师研发。[①]

处方2 适当授权给员工

林肯出身于平民家庭，在竞选美国总统时，有人质疑他的出身与财产状况，他说：

“有人写信问我有多少财产。我有一位妻子和一个儿子，都是无价之宝。此外，还租有一个办公室，室内有桌子一张，椅子三把，墙角还有大书架一个，架子上的书值得每人一读。我本人既穷又瘦，脸蛋很长，不会发福。我实在没有什么可依靠的，唯一可依靠的，就是你们。”

他最后赢得了大选。

---

① 曾慧萍，郑雅文．“负荷 / 控制 / 支持”与“付出—回馈失衡”工作压力模型中文版量表之信效度检验：以电子产业员工为研究对象［J］．台湾卫志，2002，21（6）：420-432.

主管适当地授权给员工，可以让员工更有参与感、主控感、责任感，并且知道主管是如何地信赖他们。

PRS吉他公司是世界摇滚明星热爱合作的乐器公司，其销售副总迪芬纳说："为了达到极致的顾客满意度，必须授权组织中的每一个人，就像老板般照顾顾客。我告诉他们，你们不必来征询我的意见，如果你们把这家公司当成自己的公司，99%的时候，你们会做出正确的决策。"

这家优秀的公司，有着许多快乐员工，他们都热爱吉他，并且为这些乐器注入生命。

主管愿意适度授权，员工将会觉得自己是有价值的、能够被信赖的，自然会为主管尽全力。

处方3　善用"个人长处时间"

正向心理学家赛利格曼建议主管：一个礼拜保留五个小时，作为"个人长处时间"。

即使是最不快乐的律师，老板都可以借此机会，让他们发挥自己本能的长处，增进彼此的支持，为公司完成目标。

- 热忱的员工：去设计公司形象广告与海报。

- 勇敢的员工：沙盘模拟即将上场的困难诉讼。
- 有创造性的员工：发展新理论去打官司。
- 有社会智慧的员工：和难缠的客户吃饭，搞定对方。
- 有领导能力的员工：可以收集员工不满意见，跟老板做沟通讨论。

后记

从做梦到圆梦

最近流行一则笑话。

小明说："时机实在是差。小华，你年薪多少？"

小华说："我的年薪？ 960 万元哪！"

小明说："天哪！一个月有 80 万！"

小华说："没错。而且，这只是基本工资。"

小明说："好厉害！能有这种行情的行业实在不多……，那你是做什么的？"

小华说："呵呵，我是做梦的啊！"

"做梦"真是一种好职业。

对于台湾地区的上班族而言，确实做梦才有这样的行情。

2014 年 2 月，亚洲各地毕业生起薪调查发现：新加坡 74000 元，位居第一；韩国 67000 元，为第二；我国香港地区以 35000 元居第三；我国台湾地区只有 26000 元，在亚洲四小龙中敬陪末座。

没关系，知名电视剧《甄嬛传》中，甄嬛初入后宫，不也是从“莞常在”，一路晋升为“莞贵人”“莞嫔”，被贬为“莫愁”后，重册为“熹妃”“熹贵妃”，终而位居“皇太后”吗？

菜鸟，有一天也是能够变成总经理的。

然而，台湾地区却是低薪总经理的俱乐部。

在竞争白热化的现在，不进则退。在企业或职员层次，“小确幸”式的低薪幸福感，代表不需要高级人才、不需要创新产能，翻译过来，是地区竞争力正面临严重的衰退。

在这样的经济环境下，年轻群体有着挥之不去的挫败感，强烈的焦虑感，更如瓦斯般弥漫在街头。

然而，维持自恋姿态也是必要的。家里也有这条件。

新一代的“尼特族”诞生了，他们不就业、不进修，也不参加职业训练。也称为宅男／宅女、隐蔽青年，或是啃老族。

2013 年的一项调查发现，台湾地区未在学、未就业、在家里蹲的青年“尼特族”，达 47.2 万人，占该年龄层（15—29 岁）人口数的一成，其中四成五为失业青年，为求职不利所造成的。真正的“尼特族”，估计为 26 万人。

青年失业率达平均失业率的 3 倍，显示这已经是“危机”，而非只是“问题”。青年失业问题有高学历化的趋势，也代表了学用落差大。

网络是“尼特族”生活的重要场所，这真是一场华丽的梦境。网络成瘾作为一种社会现象，反映的是青年人逃离现实、集体移民到网络世界的心理。

社会环境无奈如此，个人生命，却是要自己负责。

德国哲学家康德（Immanuel Kant）难得讲了一句好懂的话：“不工作的人将饱受无聊煎熬，充其量仅是在愉快中麻痹而精疲力竭，却未曾有神清气爽、心满意足的感受。”

在全球化的时代，以上并不好看的数据提醒我们：上班族需要更大的勇气去工作，燃起更猛烈的热情，创造更宽广的格局。

这也意味着，我们需要更有韧性的一颗心，以及更优化的身体状态。

这本书的写作，是帮助广大上班族圆梦的一个尝试：激发工作动机，在工作中疗愈自己，在工作中实现生命的价值。

感谢支持我的妻子、家人、朋友们；感谢每个曾经在职场中以不同方式让我领悟、成长的人！

图书在版编目 (CIP) 数据

不想上班有救吗：26个职场困扰的心理学处方 / 张立人著 . —北京：中国法制出版社，2019.8

ISBN 978-7-5216-0291-3

Ⅰ . ①不…　Ⅱ . ①张…　Ⅲ . ①职业－应用心理学－通俗读物　Ⅳ . ① C913.2-49

中国版本图书馆 CIP 数据核字（2019）第 120601 号

北京市版权局出版境外图书合同登记号　图字：01-2016-5415

策划编辑：孙璐璐（cindysun321@126.com）

责任编辑：孙璐璐　　封面设计：汪要军

不想上班有救吗：26 个职场困扰的心理学处方

BU XIANG SHANGBAN YOUJIU MA：26 GE ZHICHANG KUNRAO DE XINLIXUE CHUFANG

著者 / 张立人

经销 / 新华书店

印刷 / 三河市国英印务有限公司

开本 / 880 毫米 ×1230 毫米　32 开　　印张 / 8.5　字数 / 160 千

版次 / 2019 年 8 月第 1 版　　2019 年 8 月第 1 次印刷

中国法制出版社出版

书号 ISBN 978-7-5216-0291-3　　定价：39.80 元

北京西单横二条 2 号　邮政编码 100031　　传真：010-66031119

网址：http://www.zgfzs.com　　**编辑部电话：010-66038703**

市场营销部电话：010-66033393　　**邮购部电话：010-66033288**

（如有印装质量问题，请与本社印务部联系调换。电话：010-66032926）